新媒体营销与创新研究

屈 阳　吕 玮　宋 婧◎著

吉林人民出版社

图书在版编目（CIP）数据

新媒体营销与创新研究 / 屈阳，吕玮，宋婧著．
长春：吉林人民出版社，2024. 11. -- ISBN 978-7-206-
21705-0

Ⅰ . F713.365.2

中国国家版本馆 CIP 数据核字第 20245GX370 号

责任编辑：李相梅
封面设计：王　洋

新媒体营销与创新研究

XIN MEITI YINGXIAO YU CHUANGXIN YANJIU

著　　者：屈阳　吕玮　宋婧
出版发行：吉林人民出版社（长春市人民大街 7548 号　邮政编码：130022）
咨询电话：0431-82955711
印　　刷：三河市金泰源印务有限公司
开　　本：787mm×1092mm　　1/16
印　　张：9.75　　　　　字　　数：175 千字
标准书号：ISBN 978-7-206-21705-0
版　　次：2024 年 12 月第 1 版　　印　　次：2025 年 1 月第 1 次印刷
定　　价：78.00 元

前　言

　　新媒体时代的到来，像一股狂风一样席卷全球，改变着人们的生活方式、社交模式和商业运营方式。本书旨在深入探索新媒体的基础知识和新媒体营销的全貌，从理论到实践，从历史到趋势，全面展示新媒体这一广阔而多元的领域。

　　首先，我们将从新媒体的内涵、特征和分类入手，揭示新媒体的本质和独特之处。理解新媒体的定义和特征，有助于我们更好地把握其本质，更有效地利用新媒体资源。接着，我们将探讨新媒体的功能和意义，深入分析其在信息传播、社交互动和商业发展中的重要作用。

　　其次，我们将回顾新媒体的发展历程和现状，剖析新媒体从诞生至今的演变过程，揭示其发展轨迹和现实状况。同时，我们也会展望新媒体的未来，分析新媒体的发展趋势，探讨新技术对新媒体的影响，为读者展现一个全面的新媒体行业画卷。

　　在新媒体营销方面，我们将先介绍新媒体营销的概述，进一步探讨其内涵、原则和方式，帮助读者全面了解新媒体营销。然后，我们将重点关注新媒体营销的策划和运营，解析策划的重要性以及运营的关键策略，助读者在新媒体时代更好地实施营销计划。

　　最后，我们将探讨新媒体营销模式的创新与实践，介绍各种新媒体平台上的营销方式，如 QQ 营销、微信营销、微博营销等，帮助读者了解不同平台的特点和运营技巧。同时，我们还会展望新媒体营销的未来发展，探索社交媒体的独特性和创新，分析社交媒体营销的趋势，以及企业在社交媒体下的沟通和管理问题，为读者展现一个深入的新媒体营销行业图景。

　　通过阅读本书，读者将对新媒体及其营销领域有更深入的理解，能够把握新媒体时代的商机，利用新媒体为个人或企业的发展创造新的可能性。我们希望本书能成为读者探索新媒体世界的指南，为读者在新媒体时代抓住机遇、应对挑战提供有力支持。

目　录

第一章　新媒体概述

第一节　新媒体的内涵、特征与分类

一、新媒体的内涵

（一）新媒体的构建依赖于数字传播技术

新媒体并非单纯指代互联网的 Web1.0 或 Web2.0 版本，也不是仅限于数字电视或 IP 电视。新媒体涵盖了诸如微博、微信、抖音、快手、知乎等多种形式的手机传媒，乃至汽车上的多媒体广播系统。新媒体是一种融合了数字化技术、新型信息传输方式与传统媒体特点的综合性媒介，它代表了媒体发展的新趋势。在这种背景下，我们应该关注新媒体的全方位发展，理解其与传统媒体的关系，以便更好地把握媒体发展的脉搏。

数字化传播技术的崛起，对媒体的方方面面，产生深远影响，涉及内容创作、整合、传播、分发以及接收方式和相关设备等诸多领域。这既激发了传统媒体寻求创新的信息传播应用模式，也催生了众多全新的信息传播应用形态。在内容创作方面，数字化传播技术使媒体能够精准捕捉用户需求，为受众量身打造个性化内容。在整合方面，各类媒体平台可实现跨领域、跨平台资源整合，形成丰富多彩的媒体资源体系。在传播方式上，数字化传播方式打破了时空限制，使信息传播速度更快、覆盖面更广。同时，社交媒体等新兴平台的崛起，使每个人都能成为信息的生产者和传播者，进一步拓宽了信息传播的渠道。在分发环节，大数据和人工智能等技术助力媒体实现精准推送，将合适的内容分发给合适的受众，提高内容触达率和用户黏性。在接收设备和方式上，智能手机、平板电脑等移动设备的普及，使人们足不出户就能获取信息，短视频、直播等新兴形式使用户体验更加丰富多样。

新兴科技催生了一种全新的信息传递方式——新媒体传播。这种信息传输模式以数字技术为基础，不断创新和优化传统媒体的内容形式，通过数字化手段，可以使单一的图像、音频、视频等元素得以生动、立体且多元呈现，并能根据个人喜好灵活应用。如今，这些先进技术已经孕育出了数字影院、数字影片、数字音乐等多种全新的表现形式，使得传媒行业呈现出前所未有的生机与活力。

随着智能设备的普及，用户不再受限于预定时间，被动接受节目。相反，他们可以主动选择观看或消费信息的途径，如在线点播、回放播放、付费服务以及互动娱乐等。这种变革为受众提供了更为丰富多彩的传媒体验，同时也为传媒行业带来了前所未有的挑战与机遇。在新媒体时代，需要关注以下几个关键领域：

个性化需求。借助大数据和人工智能技术，能够精准识别用户喜好，并为其推荐适合口味的高端内容，以满足多样化的需求。

内容创新。不断探索新的表现形式，将传统媒体与新兴技术有机融合，打造独具特色的数字内容生态。

用户体验。需要优化界面设计，提供简洁易用的操作方式和流畅的观看体验，以增加用户黏性。

互动性。加强用户与内容、用户与平台之间的互动，提升用户的参与度和忠诚度。

信息安全与隐私保护。需要加强对用户数据的监管和管理，确保信息安全，尊重用户隐私。

跨界合作。推动新媒体与传统媒体、不同产业之间的合作，实现资源整合，共同发展。

新媒体时代的数字化传媒应以用户为中心，不断创新和优化内容形式与传输方式，以满足多样化、个性化需求，提供更为丰富的传媒体验。同时，我们还需要关注信息安全与隐私保护，加强跨界合作，共同繁荣新媒体产业的繁荣发展。

（二）新媒体：构建全新传播形态

新媒体作为一种新型传播形态，与传统媒体有着相似之处，都是信息交流的工具和方式。然而，新媒体在传播方面却实现了革命性的突破，得益于科技的助力，使得信息交流更加自由和便捷。相较于传统媒体，新媒体创造了一种与众不同的传播方式。在过去，传统媒体将全球划分为制造商和消费群体两大阵营，角色分工明确，创作者与接受者、播送方与接收方、台前表演者与幕后观赏者界限分明。然而，新媒体颠覆了这种单向式的信息传递方式。借助数字化通信技术，新媒体实现从一对一到多人在线参与的信息沟通和互动。在这过程中，每个人不仅可以成为信息的发送者，也可以成为接收者，甚至在传播过程中扮演发送者和接收者的双重角色。这种全新的传播方式使得信息交流更加丰富多元，拓宽了人们的沟通渠道。

（三）新媒体动态演变过程

新媒体不仅仅是一个静态的概念，更是一种不断变化、以用户群组为中心的动态现象。这种现象呈现出新的信息共享和集中趋势，既满足了个人信息的特殊需求，又使信息得以分散。新媒体反映了使用者塑造的现实，并预示着未来的发展方向。

从用户群组的角度看，新媒体呈现出"分与聚"的矛盾共存。传统营销理论通常从"分"的视角观察顾客并解决市场上出现的挑战。然而，过度的细分可能导致无法应对的情况。因此，消费者的购买行为表现出分裂和再集结的矛盾一致性。

新媒体进一步证实了这一观点：用户需求的信息日趋多样，内容及服务提供呈现分散状态。然而，得益于新媒体的多渠道传递系统整合，新的传播形式和方法应运而生。同时，新媒体也对分散的用户群体进行再次聚集，将已有的或过去被细分的用户重新集合在一起，形成了新的群体观念。这种再集中的过程体现在新媒体社群、讨论区、集体购物等功能上。

二、新媒体的特征

作为一种新兴的传播平台，新媒体采用诸多前沿传播策略和技术，为用户提供一站式、个性化的传播服务。它打破传统媒体的局限，使信息传播更为迅速、便捷，并为人们提供了一个公平、自由的交流空间。在这个平台上，每个人都可以发表自己的观点、分享见解和经验，实现海量信息的快速传递和互动交流。

（一）新媒体的技术特征

1. 数字化

新媒体的基本特性之一便是其以互联网为代表的技术基础。在这个平台上，各类文本、语音、图片和视频等数据，皆由"1"和"0"组成的数字化符号进行传递，赋予了信息一致的外观。数字科技的应用使信息复写与转发大为简化，同时，处理信息的效率也得到极大的提高。这一过程对信息传输和处理的重要性不言而喻，极大地推动了媒体间的整合。如今，传媒形态已深受数字化影响，并逐步迈向一体化。

2. 扁平化

在新媒体环境下，所有实体呈现出"扁平化"特征，即各实体功能相似。在这样的信息背景下，不存在信息的核心点和远离信息采集者的可能性。与传统的层次结构系统相比，这种模式具有显著优势。无论在传播消息还是接收信息方面，所有人都有同等机会。因此，人们可以更容易地找到商业伙伴，并基于相同准则下开展无约束的协作和竞技活动。随着新兴媒体的发展，人们的协作和竞争范围得以扩大。

3. 两极化

观察当前新媒体的发展趋势，我们会发现，尽管其尺寸在不断缩小，但其影响力却在逐步扩大。回顾计算机的历史演变，我们会看到它的形态正朝着更小型化的方向发展。在早期阶段，一台大型计算机的高度可达两层楼，人们需要深入其中才能操控。然而如今，随着便携式计算机的问世，这种设备的体积已大幅缩小。与此同时，摩尔定律揭示了一个惊人的现象：每隔半年，集成电路中的晶体管数量会翻一番，这意味着每个晶体管的面积会减少一半，而其效用则会相应地增加一倍。在成本保持不变的情况下，单个芯片就能包含大量具有强大功能的晶体管，这是网络端点体积持续缩小的关键因素。与此相对应的是，网络规模正以反向的方式不断扩大。最初，互联网仅由几个连接点构成，但现在，全球使用互联网的人数远超过这个数字，几乎遍布世界各地。

4. 集成化

新媒介设备正呈现出集成化的趋势，尤其在性能方面。如今的传媒设备不仅高效快速地传递和接收文本内容，还具备了许多其他的扩展功能。电脑的运用已经变得普遍，无论是用于休闲、工作，还是参与电子竞技；这些都是在特定设备上的附加服务。将多种用途整合到单一平台，以满足人们便利生活的需求，已成为一种潮流。

5. 开放性

作为一种信息传播的平台，新媒体具有极大的开放性。它打破了传统媒体的时间和空间限制，让全球范围内的用户能够实时获取海量信息，实现跨地域、跨文化的交流与互动。新媒体的开放性主要表现在以下几个方面：

（1）新媒体通过公开的 API（应用程序编程接口），极大地加强了互联网上的沟通和互动作用。如今，许多软件开发商都在积极挖掘这一领域的发展潜力。这种高度透明化的环境对网站本身和开发人员来说，都具有巨大的价值和社会影响力。同时，这也推动了站点间的紧密合作，提升了网民的黏性。以社交为核心的在线社区中，采用开放 API 发展业务的模式尤为突出，其中，Facebook 便是最早采用此策略的社会化媒体公司，也因此获得了丰厚的收益。这主要得益于大量外部开发团队的加入，使得产品更加多样化。

（2）共享和互动式的开放正在成为趋势。互联网的使用使得人们可以更便捷地交流和讨论各种知识领域的信息，这种现象在过去是无法实现的。新的协同工作模式的出现，使更多参与者成为知识创造的主体。如今，知识的生成不再仅仅依赖于个体或小部分人的努力，而是充分利用网络的力量，让每个人对同一主题都有权进行修订。此举既降低了知识产出成本，也有利于增强团队合作效果。这种高效的信息传递方式，远超过去任何形式。

（3）开放式的开源模式已被广泛采纳。该方式允许软件编码者公开其作品，以促进全球范围内相关领域的创新及应用。此举激发了众多开发人员的热情，推动行业迅猛发展。无论是在网络结构还是在软件领域，开源所带来的影响都是巨大而深远的。它不仅能加速产品的更新换代，还能有效地检测并修复潜在的安全问题，进一步提升发展的效率。在这个过程中，研发人员自然地提高了自身的技能水平，创建了一个庞大的、基于开放性的信息共享平台，推动了互联网的更深入发展。

（二）新媒体的传播特征

新媒体的传播特征在多个层面上展现出了与传统传播方式截然不同的特

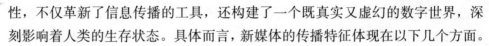

性，不仅革新了信息传播的工具，还构建了一个既真实又虚幻的数字世界，深刻影响着人类的生存状态。具体而言，新媒体的传播特征体现在以下几个方面。

1. 高度交互性

传统的传媒方式主要采用点对面和一对多的信息传递策略，在这种方式下，传输者和接收者之间的沟通协作程度相对较低。然而，在新时代的信息技术环境下，这种关系转变为更具个性化的一对一或点对点的形式，双方可以实现无限制且自由的对话与协作。虚拟网络中的社交行为具有独特的特性，如去中心化、高度自由和不可预测等。相较于实体世界，虚拟社群的行为更为开放，人际交流不仅限于亲密者，还涉及处于底层或边缘的人群。尽管他们可能身处不同的位置，但机会却是均等的。在构建资讯的过程中，我们也看到了这一特质的存在——资讯并非由单一来源生成，而是通过多个主体共同努力完成。此外，这是一种陌生人之间的合作过程，使得人们的观点表达和情绪展示变得更加自然和多样。在新媒体时代，人与人之间的沟通和协作方式相较于传统的直接接触有了新的变化，变得更加紧密。以网络科技为基础的新型传输模式，是一种由媒介驱动的双向互动的过程。人们可借助智能手机、计算机等智能终端，或其他可移动多媒体播放工具，来实现全新的社交传播。这种新颖的沟通方式与传统的传播手段有以下几个显著区别：首先，发出的信息可以随时被永久存储，并方便地检索；其次，它的反馈速度更快，互动程度更高，因为这是所有参与者共同参与、融合的结果，具有更高的针对性和更大的信息容量。这些特点都是传统的传播方式无法企及的。

2. 自主参与性

传统媒体的信息流动由传播者主导，他们扮演着"守门人"的角色，决定着内容的流向，受众往往处于被动接收的地位，选择范围有限。但新媒体的兴起，特别是 Web 2.0 的普及，彻底颠覆了这一格局，催生出一种去中心化、双向互动的信息传播模式。

在 Web 2.0 的框架下，每一个个体都有机会成为内容的生产者和分享者，无论是从源头向接收端发送信息，还是反向操作，都变得轻而易举。个人能够自由表达自我，展现独特视角和个性，而不受外界过多制约。在这种模式下，每个参与者都既是信息的发射塔也是接收站，这种角色的互换标志着传播领域的深刻变革。

Web 2.0 的核心理念在于塑造一个全方位的人类参与环境，让个休在信息创造、分享和消费的全过程中发挥积极作用。在这个由大型社交平台构成的网络空间里，每个人既是信息的发出者也是接收者，并享有充分的表达自由。人们不再仅仅是静默的听众，而是主动掌握着新媒体工具，以更加主观和个性化的方式获取信息，展现出高涨的参与热情和活力。

互联网新媒体平台激发了大众对各类话题的探讨和分享欲望，促进了新型公共话语的形成。正如比尔·盖茨所预见，信息技术的最终愿景不仅仅是促进社会文化发展，更重要的是增强个人能力，培养独立思考和创新能力。基于网络的互动模式正逐步取代传统的人际交往方式，提供了一种前所未有的沟通渠道，重构了社会关系的形态。新媒体赋予了每个人前所未有的力量，使他们能够在信息时代自由探索、表达和连接，开创了一个由个体驱动的全新传播纪元。

3. 共享全球化

科技的飞速发展，尤其是互联网的广泛应用，极大地压缩了时间和空间的界限。这使得思想、观念得以在全球范围内以前所未有的自由度迅速传播。在网络所构建的广阔领域中，无论是性别、肤色还是文化背景，人们都能跨越物理障碍进行无缝交流，仿佛身处一个全球性的村落，彼此间的对话如同邻里间的闲聊般自然流畅。

这种现象所带来的影响是深远且具有革命性的，其影响力可与古腾堡印刷术的发明相媲美。互联网不仅摆脱了时间的束缚，更是消除了地理上的隔阂，使其变得无足轻重。作为一种新型媒介，互联网的受众之广、覆盖之全面，前所未有，几乎触及地球上每一个角落，吸引着全球人民的目光。

互联网的出现，实质上重塑了我们对世界和社群的认知。它不仅仅是一项技术革新，更是人类交流方式的一场深刻变革，将地球村的概念变为现实。通过互联网，全世界的人们能够在同一个平台上共享信息、知识和经验，促进了全球文化的融合与多元化繁荣。

4. 受众个性化

在数字化时代的浪潮中，报纸作为传统信息载体的角色正在经历深刻的转变。它不再仅仅是被动传递预设内容的工具，而是演化成了一个高度个性化、按需订制的信息平台。在这样的背景下，读者不再受限于他人编辑的新闻集合，而是可以根据自己的兴趣和需求，主动筛选和订阅感兴趣的信息。

未来的新闻业可能会由智能算法和数据分析驱动，这些技术能捕捉用户的偏好，从而生成专属于每个人的"报纸"。每一份这样的"报纸"都是独一无二的，它们会通过各种智能设备送达，无论是在清晨的咖啡时间，还是在通勤的路上，读者都能按照自己的节奏和地点获取信息。

这一趋势凸显了"后信息时代"的到来，一个以个人为中心的信息消费时代。在这个时代，信息的海洋既广阔又深邃，每个人都能根据自己的需要"捕鱼"。博客和播客的流行正是这一趋势的体现，它们彰显了个性化内容创作和消费的力量。

"后信息时代"意味着信息的分发越来越注重个体，每个人都是自己信息流的主宰，产品和服务可以依据个人订单来订制，信息的即时性和相关性得到了极大提升。有些人将这种现象称为窄播，即信息的传播目标越来越精确，直至只针对特定的个人。这种趋势不仅反映了技术的进步，也揭示了社会对个性化和定制化需求的增长。在"后信息时代"，每个人既是信息的接收者，也是订制者，这不仅改变了我们获取信息的方式，也重新定义了我们与信息的关系。在这个时代，信息如海水般浩瀚，但我们能够根据自己的需求游刃有余地获取，享受到前所未有的个性化信息消费体验。

5. 内容多元化

新媒介环境的崛起彻底颠覆了传统媒体的界限，创造了一个全新的信息生态。在这个生态中，信息的传播方式变得空前灵活和多元，地理距离再也不是障碍，信息的触角延伸至世界的每一个角落。无论身处繁华都市还是偏远乡村，无论白天还是黑夜，人们都能通过新媒体平台无缝接入全球信息网络，实现即时通讯和资源共享。

新时代赋予了信息传播无限的可能，它跨越时空的限制，以广阔的视野将全球紧密相连。只需轻轻一点鼠标，便如同打开了通往万千世界的门户，海量的信息、丰富的娱乐、前沿的知识以及全球的商机瞬间汇聚眼前。新媒体的海量存储能力和全球互联互通特性，使得来自五湖四海的信息能够在这里汇集，形成一个无国界的信息交流平台，其内容之丰富、获取之便捷前所未有。

随着互联网用户的激增，信息交互的密度和复杂度也随之攀升。不同的文化背景、价值观和思维方式在此碰撞交融，孕育出一个多元共生的信息景观。

网络的开放性促进了全球文化的交流与融合，形成了一个包罗万象的价值观体系，其中，每个声音都有机会被听见，每种思想都有空间生长。

（三）新媒体传播方式的时代特点

1. 传播方式的多样性

新媒体利用数字技术、网络技术等现代科技手段，涵盖了诸如网络、手机短信、数字电视、数字电影等多种传播介质，为信息传播提供了丰富的渠道。

2. 从单向传播到双向互动

与传统媒体相比，新媒体传播更注重受众的参与和互动。在新媒体环境下，信息发布者和受众角色交融，每个人都可以成为信息的生产者和传播者，实现了真正意义上的双向传播。

3. 个性化传播

新媒体时代，传播内容与形式更加个性化。博客、播客等新兴传播方式让每个人都能自主创作、发布和传播信息，充分表达自己的观点和情感。

4. 高度开放与共享

新媒体传播倡导开放、共享的精神，信息资源得以快速传播和整合。这使得新媒体传播具有更强的社会影响力，并对社会、经济、政治等领域产生深远影响。

5. 移动化与智能化

随着移动互联网的普及和智能设备的不断发展，新媒体传播逐渐向移动化、智能化方向发展。传播方式更加便捷、快速，满足受众个性化需求。

6. 商业性

新媒体传播具有较强的商业价值，不仅为企业提供了新的宣传渠道，也让个人创作者有机会通过自媒体实现商业化变现，推动了新媒体产业的繁荣发展。

新媒体传播方式的时代特点表现为传播渠道丰富、双向互动、个性化、开放共享、移动智能化以及商业性等，这些特点使得新媒体传播在当今社会发挥着越来越重要的作用。

三、新媒体的类别

新媒体的多样化形态，包括互联网新媒体、移动通信媒体以及数字电视等，巧妙地运用了当下先进的传播技术，极大地丰富了人们的信息获取与交流体验。这些平台突破了时空的限制，使得用户能够即时地接入全球信息网络，无论身处何地，都能及时掌握最新资讯，表达个人见解，与他人进行实时互动。

互联网新媒体，以其海量的信息资源和个性化服务，让用户可以根据自身需求订制信息流，享受个性化的资讯服务。移动通信媒体，尤其是智能手机和平板电脑的应用，让信息获取变得更加便捷，随时随地的连接能力极大地提升了沟通效率和生活便捷度。数字电视则通过高清画质和丰富的节目选择，为观众提供了沉浸式的视听享受，同时还支持互动功能，增强了用户体验。

这些新媒体平台不仅改变了人们的生活方式，也促进了社会文化的交流与融合，成为现代社会中不可或缺的信息交流枢纽。通过新媒体，人们能够更加高效地获取知识、分享经验，拓展社交圈，提升生活质量，享受更加丰富多彩的数字生活。

（一）互联网新媒体

互联网新媒体，作为 21 世纪最具革命性的信息传播方式，彻底重塑了全球的沟通格局。它不仅打破了传统媒体的地域和时间限制，而且以其无与伦比的互动性和个性化特性，为用户提供了前所未有的信息体验。互联网新媒体涵盖了从社交媒体、博客、视频分享平台到即时通讯软件等多元化形态，使得每个人都能成为信息的创造者和传播者。这种去中心化的信息传递模式，促进了全球知识和文化的快速交流，加速了信息的民主化进程。

在互联网新媒体的浪潮下，内容的生产不再局限于专业的媒体机构，普通民众也能通过手机或电脑，实时分享生活点滴、专业见解乃至社会事件的现场报道。此外，算法推荐技术的应用，让新媒体能够根据用户的兴趣和行为，精准推送个性化内容，极大地提高了信息消费的效率和满意度。

新媒体还促进了虚拟社区的形成，人们基于共同的兴趣、价值观或目标聚集在一起，形成跨越地理界限的社群，增强了社会的凝聚力和多样性。同时，它也为商业、教育、娱乐等多个领域带来了创新，比如在线教育平台、远程工作模式、电子商务以及数字艺术等，深刻影响着经济结构和生活方式。

然而，互联网新媒体的迅猛发展也带来了一系列挑战，包括信息过载、隐私泄露、网络暴力和假新闻的传播等问题。因此，如何在享受新媒体带来的便利的同时，维护网络安全、保障用户权益，成为社会各界共同关注的议题。

互联网新媒体以其强大的连接力和创造力，正在构建一个更加开放、多元和互动的世界，它不仅改变了我们获取和分享信息的方式，也正在塑造着未来的社会形态和文化生态。

（二）移动通信媒体

移动通信媒体，作为当代通信领域的创新先锋，已深深植根于人们的日常生活中，被誉为"第五媒体"的它，体现了前所未有的互联互通特性。这一媒介形式不仅与传统的电视、广播、纸媒和谐共存，还为其注入了新的活力，使之焕发出勃勃生机。它的精髓在于即时通信的能力，界面友好，反馈即时，极大地提高了信息流通的速度与效率，赢得了用户的广泛赞誉。

移动通信媒体的作用远不止于基本的信息传递，它构建了一个集社交互动与大众信息分享于一体的生态系统，开创了信息传播的新纪元，成为数字时代中一道亮丽的风景线。

采用分层传播策略，移动通信媒体确保了消息的迅速扩散，即使是最细微的更新也能瞬间传达给广泛的听众，显著增强了信息传播的广度和速度。随着社交媒体的蓬勃发展，它不仅丰富了信息传递的途径，更在某种程度上重塑了传统媒体的权威结构。

移动通信媒体及由此衍生出的社交平台，正以其无与伦比的便利性、交互性和普及率，重塑着社会的信息格局，引领社会向更加开放、透明和多元的未来迈进，展现了一幅生动的社会信息生态画卷。

（三）数字电视媒体

数字电视媒体，作为电视技术的一次革命性飞跃，彻底改变了节目信号的处理与传输方式，全面拥抱数字化技术从源头到终端的每一个环节。相较于传统的模拟电视系统，数字电视不仅代表着技术上的显著进步，更开启了丰富多彩的服务与应用新纪元。它赋予观众前所未有的自主权，让人们能够按照自己的时间表安排观看，有效解决了传统电视固定播放时间带来的不便。

数字电视的这一特性，即所谓的时移观看功能，让忙碌的现代人能够自由选择最佳观赏时刻，不再受限于节目播出的固定时间框架。同时，数字电视为中国的有线网络搭建了一个高效的信息传播平台，使之成为政府与民众之间传递重要信息、普及知识的强大纽带。这一媒介的出现，不仅丰富了民众的文化生活，也促进了社会教育和信息的广泛传播，展现出数字技术在提升公共信息交流效率方面的巨大潜力。

数字电视媒体凭借其卓越的性能和多样化的服务，不仅提升了观众的娱乐体验，也为构建一个信息更加透明、知识更加普及的社会环境奠定了坚实的基础。

第二节 新媒体的功能及其意义

一、新媒体的功能

（一）大众传媒功能

大众传媒的功能在互联网时代得到了空前的扩展和深化。大型商业网站如新浪、网易以及搜狐，它们不仅是信息的海洋，更是消息传递的枢纽。新浪通过微博引领着社交新闻的潮流；网易的云阅读和音乐盒则满足了用户对文字和音乐的个性化需求；而搜狐的视频直播服务则为观众带来了实时的视觉盛宴。

与此同时，数据聚合和搜索引擎如百度、谷歌与雅虎等，以其强大的信息处理能力和个性化的搜索结果，成为人们获取知识和信息的主要渠道。这些平台不仅提供了一对一的即时通信，还构建了大规模的社交网络，包括博客、在线论坛、播客等，使得个人与世界之间的连接更加紧密。

随着新媒体技术的发展，传统的媒体机构也开始转型，纷纷建立了自己的在线平台，以适应数字时代的需求。中国新闻网就是一个典型的例子，它集合了国内外最新的新闻动态，通过网络向全球受众提供全面的新闻报道和深度分析，展现了传统媒体在新媒体环境下的创新与活力。互联网不仅极大地丰富了大众传媒的内容和形式，还促进了信息的全球化传播，使得个人和社会之间的沟通更加便捷和多元。

（二）沟通交往功能

新媒体以其独特的虚拟性、即时性、民主性和开放性，有效地克服了日常生活中的沟通障碍，促进了人际交流的深化与拓展。它会聚了拥有共同兴趣和爱好的用户，形成了多元化的在线社群，极大地丰富了互联网用户的社交图谱。

在新媒体的舞台上，人们发展出了一套简洁且富有表现力的交流语言，融合了文字、图像、表情符号和动画等多种元素，使在线对话不仅高效，而且充满趣味和情感。这种表达方式的创新，让沟通变得更为直观和生动，拉近了人与人之间的距离，促进了情感的共鸣和理解。

新媒体还打破了传统沟通的地理和时间限制，让身处不同角落的人们能够即时分享生活点滴，参与集体讨论，甚至共同创作内容。这种跨越时空的连接，不仅加深了人与人之间的联系，还促进了文化的交流与融合，构建了一个更加紧密和包容的全球社区。

（三）数字娱乐功能

根据中国互联网络信息中心（CNNIC）发布的数据，数字娱乐领域中，网络音乐、网络视频和网络游戏是最受网民欢迎的应用形式。具体而言，网络音乐作为最广泛使用的娱乐服务，吸引了超过2.14亿的听众，占整体网民比例高达84.5%。网络视频紧随其后，拥有1.8亿的活跃用户，占据了71%的市场份额，位列所有网络应用的第四名。与此同时，网络游戏也展现出强大的吸引力，用户规模达到了1.47亿，占网民总数的58.3%，在各类应用中排名第七。

这些数据表明，数字娱乐已经成为现代生活中不可或缺的一部分，迅速渗透进更广泛的受众群体。无论是通过音乐来放松心情，还是通过观看视频来消遣时光，抑或是通过游戏来寻求刺激和乐趣，数字娱乐以其便捷性和多样性，满足了不同人群的个性化需求，成为人们日常娱乐的重要组成部分。随着技术的不断进步和互联网的持续普及，可以预见，未来数字娱乐将继续扩大其影响力，为用户提供更加丰富和高质量的娱乐体验。

（四）知识传承功能

新媒体在知识传承方面扮演着至关重要的角色，它为知识的保存、筛选和传播提供了前所未有的途径。面对浩瀚的知识海洋，新媒体通过数字化手段，将知识转化为可管理和可访问的形式，极大地提升了知识的可获取性和利用效率。

例如在线图书馆、网络艺术展览馆、文学专题网站以及学术研究平台等，它们如同知识的宝库，收藏着海量的文献资料、艺术品、文化遗产和科研成果。用户只需要轻点鼠标或滑动屏幕，即可瞬间访问到这些珍贵资源，无论是深入研究还是简单查阅，新媒体都极大地缩短了知识获取的时间和空间距离。

新媒体的这一功能，不仅促进了知识的广泛传播，还加速了全球知识共享的步伐，让学习和研究跨越了地理和文化的界限，为教育、科研以及文化保护等领域带来了革命性的变化。在这个数字化时代，新媒体已成为连接过去与未来、连接知识与人类的桥梁，推动着人类文明的持续进步。

（五）电子商务功能

新媒体在电子商务领域的崛起，正深刻改变着现代商业的运作模式。它不仅为贸易活动开辟了全新的渠道，引入了创新的市场策略，还为传统商业模式注入了数字化转型的活力，使其重焕生机。通过互联网技术的赋能，新媒体为商业管理提供了现代化的解决方案，使得古老的经营理念能够在数字时代找到新的生长点，拓展市场边界。

在线平台的广泛应用，使得商业活动具备了信息化、网络化和数字化的特点，打破了实体空间的限制，加速了信息流通和服务交付的速度，促进了跨地域、跨行业的合作与竞争。商家能够通过新媒体触达更广泛的客户群体，而消费者则能享受到更加便捷、个性化的购物体验。这种高效的连接机制，不仅推动了企业间的协同创新，还促进了社会经济的整体繁荣，展现了新媒体在推动商业进步和社会发展中不可替代的作用。

（六）汇聚民意功能

新媒体技术的普及，为公众提供了一个开放透明的平台，使得表达个人见解和参与公共事务讨论成为可能。这种新型的互动方式，不仅赋予了民众挑战和平衡传统权力结构的能力，还促进了政府决策的民主化和透明化。

大量的新媒体用户积极参与到与政府政策、公共服务及民生问题相关的讨论中，使得政府部门能够更直接、更全面地洞察民众的需求和期待，进而优化服务，提高治理效能。此外，新媒体作为民意的收集器和放大器，促使政府机构的行为受到公众监督，有助于防止权力滥用，确保社会公正与法治原则的落实。

通过新媒体，民众的声音能够迅速汇聚成舆论的力量，对政府决策产生直接影响，促进政策制定更加贴近民意，增强社会的凝聚力和向心力，共同推动社会的和谐与进步。

二、新媒体的意义

（一）改变人们的社交方式与社会组织模式

新媒体科技的崛起，催生了一个既虚拟又真实的社交宇宙，深刻地重塑了人们的交往方式和社会结构。在这个由互联网技术编织而成的全新世界里，我们体验到了前所未有的存在感与连接性，它已然嵌入日常生活的肌理，成为现代人不可或缺的组成部分。这一转变不仅极大地拓宽了个人的活动半径，增加了社会互动的可能性，还将线上与线下生活无缝融合，使得网络社交成为自然而然、无拘无束的日常行为。

互联网的出现，打破了地域的壁垒，让即时通信和远程交流成为可能，消弭了因地理距离造成的沟通障碍。人们现在能够轻松跨越千里，与全球各地的朋友、家人乃至陌生人建立联系，享受跨越时空的亲密对话。这种全新的社交模式，催生了"弱连接"这一概念，即通过在线平台，人们能够与更多元、更广泛的社会成员建立联系，形成一种基于兴趣而非血缘或地缘的社群关系。这种多维度的社交网络，满足了不同人群的个性化需求，促进了信息的自由流动与文化的多元交汇，是传统社交方式所难以企及的。新媒体科技不仅改变了我们的社交习惯，还促进了社会关系的重构，让人类社会步入了一个高度互联、开放包容的新时代。

（二）推进社会民主

传统媒体时代，个人的社交行为虽已初具社会运动的雏形，但新媒体的出现，彻底改变了这一格局。新媒体以其独特的信息传播模式，构建了一个全新的公共空间，赋予每个个体发言和倾听的权利，成为一个平等、开放、互动的平台。在这里，人们可以就公共议题展开讨论，做出独立判断。新媒体的普及，让人们摆脱了信息的单向传递，不再单纯依赖他人解读世界，而是能够自主选择和关注社会事件，形成个人见解。这不仅让受众拥有了获取信息的主动权，也让信息发布者与接收者的界限变得模糊，信息传播变成了一个双向互动的过程。

新媒体的这一特性，极大地促进了社会的平等和透明。它加快了信息的传播速度，使得公众能在第一时间接触到多元化的资讯，推动了社会民主意识的觉醒。同时，新媒体的广泛应用，也促使政府重视信息公开，致力于打造开放透明的政务环境。许多新媒体平台为民众提供了便捷的渠道，以获取包括政务在内的各类信息，加强了公民与政府之间的沟通和互动。

新媒体的这种影响力，正如尼葛洛庞帝所指出的那样，超越了个体层面，实现了信息的双向流动。用户不再是信息的被动接收者，而是可以根据个人兴趣筛选信息，甚至参与内容的创造。这种转变，不仅丰富了信息生态，也促进了社会的民主化进程，让公民社会的构想在新媒体的土壤中生根发芽，茁壮成长。

（三）展现虚拟文化

新媒体的兴起，不仅革新了信息的传播方式，更催生了虚拟文化的繁荣景象。在这一进程中，移动设备与互联网技术的融合起到了关键作用，智能手机功能的拓展和互联网的广泛应用，极大地拓宽了服务领域，打破了传统媒体的诸多限制。曾经难以触及的传播渠道，如今在新媒体的推动下，为大众提供了更多接触文化与知识的机会，促进了个人价值的探索与提升。

新媒体的普及，让信息获取变得前所未有地便捷，加深了传播者与接收者之间的互动，智能手机与在线文学的迅猛发展便是明证。同时，新媒体的多维特性为网络游戏的诞生与发展提供了肥沃的土壤，丰富了人们的娱乐方式。曼纽尔·卡斯特的观点强调，人类行为总是植根于象征性的环境之中，而新媒体恰恰创造了一个既真实又虚拟的世界，它不是简单地制造虚拟现实，而是将现实与虚拟巧妙融合，构建出一个充满象征意义的全新空间。

新媒体承载着海量信息，其强大的信息接收能力使其能够吸收当代的创新元素，同时保留传统文化的精华，形成了一种多元融合的传播体系。这一系统中蕴含了丰富的文化内容，对社会的演变与形态产生了深远影响。它削弱了某些象征性力量，如权力和价值观的传统界定，同时改变了人们对空间的认知，使之更加灵活且持久。新媒体的这一特性，让虚拟文化不仅成为现实世界的延伸，更成为塑造社会文化面貌的重要力量。

第三节　新媒体的发展历程与现状

一、新媒体的发展历程

（一）网络媒体演变过程

自 21 世纪初，随着信息技术的突飞猛进，新媒体领域迎来了前所未有的发展机遇，逐渐成长为社会信息流通的关键渠道。网络媒体，作为新媒体的先锋，经历了从萌芽到成熟的演变过程，其发展历程大致可划分为四个阶段：

起步期（1995—1998）。1995 年，《神州学人》杂志首开先河，掀起了中国媒体的上网之路。随后 1998 年，搜狐与新浪的成立，象征着中国网络媒体正式步入快速发展轨道。政府的积极政策扶持，加之传统媒体如报纸、杂志和广播的网络化尝试，共同开启了网络媒体的先河。

成长期（1998—1999）。这一阶段，商业门户网站如雨后春笋般涌现，它们不仅涉足新闻传播领域，更以互联网为平台，对传统新闻传播模式发起挑战，确立了门户网站在网络新闻领域的核心地位。

壮大期（2000—2001）。2001 年，首届中国网络媒体论坛在青岛召开，会聚了逾百余家网络媒体及众多专家学者，论坛的举办极大地提升了网络媒体的社会认知度和影响力。

成熟期（2002 年至今）。进入 21 世纪第二个十年，网络媒体在中国社会的重要性日益凸显。互联网用户基数的爆炸式增长，为网络媒体的持续扩张提供了源源不断的动力。Web2.0 技术的应用普及，以及互联网基础设施与电脑产业的高速发展，为网络媒体提供了强大的技术与硬件支撑。此外，媒体机构与网民的深度互动，强化了网络媒体在舆论引导上的作用，使其在传播规模与影响力上超越了传统媒体，成为传媒领域不可或缺的力量。

这一系列发展，见证了中国网络媒体从初步探索到成熟应用的全过程，其影响力已渗透至社会的各个层面，成为推动信息社会进步的重要引擎。

（二）网络媒体的特点

网络媒体，作为信息时代的一大标志，拥有以下几个显著特点，这些特点让它在信息传播领域独树一帜。

1. 信息容量巨大

相较于传统媒体如报纸、广播、杂志和电视，网络媒体不受物理空间和时间的限制，能够承载和传播的信息量近乎无限。它能够整合文字、音频、视频等多种媒介形式，实现信息的全方位展示，呈现出信息海量传播的独特优势。

2. 信息获取无边界

基于互联网的开放性，网络媒体跨越了地理和国界的限制，其受众覆盖全球，真正实现了"信息无国界"的理想。任何人，只要拥有网络连接，就能即时获取到网络媒体上的信息，展现出极高的信息开放性。

3. 传播速度与灵活性

网络媒体的传播方式极为高效，信息发布不受传统媒体中版面、频道等限制，信息更新和传播几乎是实时的，以秒为单位计算，极大地提升了信息传播的速度和灵活性，满足了快节奏社会中对即时信息的需求。

4. 双向互动的交流模式

网络媒体最大的创新在于其互动性和交流性，这标志着信息传播进入了全新的时代。与传统媒体的单向传播不同，网络媒体支持用户与内容的互动，用户不仅可以接收信息，还能参与信息的创造和传播，形成了一种全新的双向交流模式，这种革命性的变化极大地丰富了信息传播的维度和深度。

网络媒体以其海量信息、无边界传播、高速传播和互动交流等特点，正在深刻改变着人们获取和分享信息的方式，推动着信息社会的不断进步和发展。

（三）手机媒体的发展历程

手机媒体的演化历程，是一部从单一通讯工具向多功能智能终端转变的编年史。手机的概念起源可追溯至 20 世纪 40 年代的贝尔实验室，而其真正意义上的诞生则始于 1973 年摩托罗拉公司的创新之作。自 1985 年首款商用手机问世以来，历经近 70 年的技术迭代与市场洗礼，手机从最初的语音通话工具，进化为搭载复杂操作系统的移动信息处理中心，被赋予了"第五媒体"的新身份。

中国作为全球手机用户数量最多的国家，其庞大的用户基础成为媒体行业争夺的焦点。据工业和信息化部 2020 年发布的数据，中国手机用户总量已攀升至 15.94 亿，其中 4G 用户占比高达 12.89 亿，这一数字充分彰显了手机媒体的广泛影响力。

随着手机用户基数的膨胀，手机媒体的内容生态与产业链条亦同步繁荣，经历了从单一通话到多媒体应用的深刻变革。手机功能的拓展，不仅极大地提升了用户体验，也优化了媒体使用习惯，为人们的日常生活提供了前所未有的便捷。然而，随之而来的是对手机的高度依赖，以及在设备上花费时间的显著增长。

手机媒体的发展轨迹，可以概括为从身份象征到通信工具，再跃升为大众媒介的渐进过程。这一历程中，移动通信技术经历了四次重大迭代。

第一代：模拟移动通信系统，以北美 AMPS 和欧洲 TACS 为代表，主要承担语音通话功能，实现了移动通信的初步突破。

第二代（2G）：以 GSM 和 CDMA 技术为主导，不仅支持语音通话，还能进行慢速数据传输，标志着手机向互联网连接的初步尝试。

第三代（3G）：以 TD-SCDMA、WCDMA 和 CDMA2000 为代表，显著提升了数据传输速度和多媒体信息处理能力，手机成为多媒体信息平台。

第四代（4G）：以 LTE 技术为核心，实现了高速数据传输，手机成为处理移动信息的微型计算机，为用户提供了更加丰富多样的应用体验。

当前，第五代移动通信技术（5G）正逐步铺开，预示着手机媒体将进入一个全新的发展阶段。从 20 世纪 80 年代末中国首个模拟通信网络的建立，到 21 世纪初手机从奢侈品变为生活必需品，再到近年来智能手机的普及，手机媒体的形态与内容经历了根本性的变革。这一切，皆源于移动通信技术的持续革新，它不仅塑造了手机媒体的今天，也将引领其未来的方向。

（四）手机媒体的特点

手机媒体的特性，集中体现在以下几个方面，这些特性共同构成了其在信息时代的核心竞争力与独特魅力。

1. 极致便携性

手机从早期的"大哥大"体积庞大，到今日轻薄小巧的设计，这一转变不仅符合现代人对生活方式的追求，更使得手机成为日常生活中不可或缺的伴侣。尽管笔记本电脑在功能与性能上可能更胜一筹，但手机因其便携性而成为使用频率最高的电子设备，这一特性无疑是手机媒体的核心竞争力所在。

2. 深度互动性

与传统媒体相比，手机媒体的最大优势在于实时互动性。智能设备的普及，让信息的传递不再受单向传播的限制，用户可以自由选择信息的流向，无论是个人表达，还是群体互动，手机媒体均能胜任。它为全球数十亿用户提供了一个无边界的社交平台，使人们不仅能够接收信息，还能分享个人见解，实现多层次的人际交流。

3. 高效传播力

手机媒体在传播方面展现出惊人的效率。首先，得益于庞大的手机用户基数，信息传播的覆盖范围极广；其次，移动互联网的即时性确保了信息能够迅速传播，只需轻触屏幕，消息即可瞬时送达；最后，高效率的传播机制，使得手机成为信息发布的首选平台。

4. 高度兼容性

手机媒体堪称媒介融合的典范，它能够整合报纸、广播、电视及网络等传统媒体的内容与形式，通过一个小小的屏幕，实现信息的多元化呈现。手机媒体不仅吸收了传统媒体的精华，更在此基础上不断创新，逐渐发展为一种集大成的新型媒体形态，满足了用户对信息获取与分享的多样化需求。手机媒体凭借其便携性、互动性、传播效率与兼容性，已成为现代社会信息传播的主导力量，深刻影响着人们的沟通方式与生活习惯。

二、新媒体的发展现状

（一）新媒体发展的有利条件

我国新媒体的蓬勃发展，得益于一系列有利条件的共同作用，这些条件构成了新媒体生态系统的稳固基石。

1. 技术支撑体系的成熟

新媒体的发展离不开坚实的技术基础。在全球范围内，新媒体技术日臻完善，计算机作为核心，互联网作为基本载体，辅以光电传导等技术的持续升级，为新媒体的传播提供了强大支撑。我国在新媒体技术设施与支持方面已达到国际先进水平，甚至在多个领域处于领先地位，为新媒体的创新与应用提供了肥沃的土壤。

2. 受众基础的不断扩大

随着新媒体用户数量的激增，其受众群体日益壮大，特别是在年青一代和知识分子中，新媒体已经成为获取信息和学习知识的主要渠道，深刻改变了人们的阅读习惯和学习方式。

3. 终端设备的普及

新媒体终端设备的广泛普及，是市场自然演进的结果，几乎每一位具备阅读能力的人都能轻松获取用于访问新媒体内容的设备，这为新媒体的传播创造了得天独厚的条件。

4. 内容市场的成长

新媒体内容的丰富性和多样性，催生了庞大的市场需求，推动了整个行业的繁荣。通信企业与创意机构的合作，催生了诸如移动版报纸、杂志等新产品，同时，城市创意区和文化园区成为新媒体内容开发的热土，为行业注入了源源不断的创新活力。

5. 国家政策的有力支持

国家层面高度重视新媒体公共平台的构建，积极布局广播、电视、出版、数字出版等新媒体平台的建设，为新媒体的长远发展提供了政策保障和战略指引。

在通信服务转型的大背景下，无论是网络运营商还是移动通信公司，都在积极探索新的盈利模式，以推动自身的持续发展。同时，手机无线广告、播客、博客、短视频、户外电视等新媒体细分领域的增长势头强劲，显示出新媒体行业的广阔前景。

（二）新媒体发展面临的挑战

新媒体发展在取得显著成就的同时，也面临着一系列挑战，这些挑战涉及行业转型、市场运营、资源整合以及技术标准化等多个层面。

1. 行业转型的阵痛

尽管中国广播电视行业已启动改革，但在市场化进程中仍存在诸多问题。

部分业务的市场定位不准确，仍游离于商业边缘，多数机构沿袭行政管理模式，尚未完全融入市场竞争。行业内部缺乏高素质人才，尤其是在市场操作经验和市场前瞻能力方面，对市场开发与拓展的重视不足，亟须应对这一系列挑战。

2. 行政区划管理模式的局限

当前的广播电视台管理模式按行政区划设置，导致全国广播电视台难以形成统一行动，各层级机构间的矛盾加剧。有线电视网络的市场分割与独立运作，限制了资源的整合与优化配置，与电信服务商提供的全面服务相比，这是一个明显的短板。

3. 新闻出版领域信息化滞后

虽然新闻出版行业不断发布行业动态，移动报纸、电子杂志和电子书等新型媒体层出不穷，但深入观察会发现，这些技术创新大多源自科技或高新技术研发机构，而由新闻出版单位自主研发的产品屈指可数。通信企业积极涉足移动媒体内容制作，但主流媒体集团参与度较低，这不仅考验着新闻管理机制，也对整个媒体产业结构提出了挑战。

4. 新兴媒体技术标准化的缺失

我国新闻出版业在新媒体技术的标准化方面存在短板。技术标准的滞后是制约新媒体发展的关键因素，加强数字化出版系统的研发，特别是在行业标准制定上实现突破，对提升行业信息化水平至关重要。这包括制定统一的数据存储与信息交换格式，完善数字出版的管理体系，强化版权保护与反盗版措施，以确保新媒体内容的健康发展。新媒体发展之路虽充满机遇，但也布满荆棘，唯有直面挑战，才能把握未来，推动媒体行业持续向前。

第四节　新媒体的发展趋势

一、媒介的主要类型和发展沿革

（一）中心式大众传媒：报刊、广播与电视

中心式大众传媒，包括报刊、广播和电视，作为传统信息传播的三大支柱，各自承载着独特的使命与功能，对社会信息的流通和文化的发展起到了至关重要的作用。

1. 报刊

报刊作为历史悠久的纸质媒介，以其翔实的新闻报道和深度分析见长，通常以周报或日报的形式发行，覆盖了从国际大事到地方新闻的广泛内容。报纸的读者遍布社会各阶层，其内容的丰富性为读者提供了深入了解世界动态的机会，同时也成为历史记录的重要载体。尽管更新频率受限，但报纸仍通过增加版面或调整篇幅，确保了信息的广泛传播。

2. 广播

广播凭借多点传播的优势，实现了信息的快速覆盖，成为低成本、高效率的传播工具。它不受地理位置的限制，使得无论在偏远山区还是繁华都市，人们都能通过收音机接收到来自世界的最新消息。

3. 电视

电视作为电子科技的产物，通过线路和无线电波传输图像和声音，将视听体验融为一体，为观众提供了沉浸式的信息接收方式。电视不仅整合了文字、声音和图像，还实现了同步的视听享受，使得商业信息、娱乐节目、教育内容等得以广泛传播。自电视诞生以来，它深刻地影响了人们的聚集方式，根据兴趣和偏好将观众分类，同时塑造了社会人物的公众形象。

报刊、广播和电视作为中心式大众传媒的代表，尽管在信息传播的速度和形式上各有千秋，但它们在构建社会共识、传递文化价值、满足公众信息需求方面，仍发挥着不可替代的作用。

（二）点对点交往媒介：电报与电话

随着人类文明的演进，人际交往的方式经历了从原始的口语交流，到刻石记事，再到书写纸张的漫长变迁。每一次变革，都是对时间和空间局限性的挑战，旨在拓宽沟通的边界，增进人类的相互理解。然而，不论是口头相传，还是以实物为媒介的文字记载，信息的传递总须借助某种实体载体，且难以跨越遥远的距离。直到19世纪，电报的问世，彻底颠覆了这一现状，标志着人类迈入了电子通信的崭新时代，实现了信息的瞬间跨越，全球联系由此变得前所未有地紧密。

电力的广泛应用，催生了互联网这一划时代的通信模式，它以无形的网络将世界紧紧相连。电子邮件的出现，相较于传统的有线通信系统，不仅极大地节约了成本，也简化了操作流程，迅速风靡全球，成为各行各业的首选通信工具。这一革命性技术的应用，对媒体行业产生了深远影响，新闻报道的时效性得到显著提升，远方的事件能够即时反映在报纸上，信息的获取与传播效率大大提高。同时，互联网的普及降低了纸质出版物的生产与分发成本，为大众获取信息提供了更多便利。

相比之下，电话，尤其是移动电话的普及，进一步提升了人际交往的互动性和即时性。语音通话的发明，开创了人与人之间直接对话的先河，即便相隔万里，也能如面对面般交流。移动设备的便携性，使得信息的实时交换成为可能，即使不能亲临现场，也能通过声音感受到对方的存在。这种新型的人际联系模式，让距离不再是沟通的障碍，为人类社会的连接提供了新的维度。

（三）交互性超媒介：新媒体

新媒体，作为交互性超媒介的代表，其发展脉络与电子计算机、互联网以及无线互联网的演进密不可分，共同构筑了现代信息社会的基石。

1.电子计算机的诞生与普及

信息科技的飞速发展，起始于电子计算机的问世。1964 年，美国率先推出了电子计算机，随后，计算机技术的迭代升级，不仅显著提升了运算速度、存储容量和准确性，还令其体积不断缩小，成本逐渐下降，使之成为与人类感官完美契合的工具。通过视觉接收图像，听觉捕捉声音，以及借助输入设备传递指令，人类与计算机实现了高效沟通。

2.互联网的起源与演变

与传统的点对点的电话通信方式不同，互联网采用了包交换技术，将信息分解为数据包，并通过寻找最优传输路线的复杂网络路径，极大地提高了数据传输的效率和可靠性。得益于 TCP/IP 协议的制定，所有计算机都遵循统一的通信标准，实现了真正的"资源共享"，为全球范围内的信息交流奠定了基础。

3.无线互联网的兴起

随着智能设备与无线通信技术的飞速发展，以互联网为核心的移动连接应运而生，即无线互联网。这一技术的突破，极大地提高了数据传输容量，使得视频流、大数据等高带宽需求得以满足。无线互联网的出现，意味着人们可以随时随地接入网络，进行高效便捷的社交互动，无论身处何地，都能轻松上网浏览、发送邮件等，极大地丰富了人类的沟通方式，推动了全球交际形态的根本性变革。

新媒体的发展，从电子计算机的诞生到互联网的普及，再到无线互联网的成熟，不仅深刻改变了人类获取、处理信息的方式，也重塑了社会的交往模式，为信息时代的人类社会提供了前所未有的机遇与挑战。

二、新媒体环境下的网络应用形式

新媒体的演进，历经四十多年精耕细作，已悄然融入社会的每一个角落，尤其在其商业化进程中，催生了层出不穷的服务形态。回溯互联网发展的半个世纪，其网络应用形式可归纳为四大阶段，每个阶段都以标志性技术或服务为引领，塑造了各自的时代特征。

1. 信息互联网阶段

在互联网的早期，信息的获取与分享成为主要诉求，门户网页与电子邮件应运而生，成为人们探索网络世界的窗口。这一阶段，互联网作为信息的集散地，满足了用户对新闻、资讯、娱乐等各类信息的基本需求，开启了互联网作为信息媒介的先河。

2. 搜索互联网阶段

随着互联网信息量的爆发式增长，搜索引擎如百度、谷歌等成为用户检索信息的关键工具，引领了搜索互联网的兴起。搜索引擎的出现，不仅优化了信息的查找效率，还促进了网络内容的组织与分类，使得互联网从简单的信息展示转向深度信息挖掘，极大地丰富了用户的在线体验。

3. 社交互联网阶段

社交网络服务的兴起，标志着互联网进入社交时代。QQ、微信、微博等社交平台的出现，让人们能够在线建立和维护社交关系，分享生活点滴，形成虚拟社区，促进了人际交流与信息的病毒式传播。社交互联网不仅改变了人们的沟通方式，还催生了全新的社交商业模式。

4. 服务互联网阶段

随着云计算与移动互联网技术的发展，软件即服务（Software as a Service，SaaS）及电子商务成为互联网应用的两大亮点。在 SaaS 模式下，软件服务从本地安装转向云端订阅，用户无须安装维护，即可享受软件功能。而电子商务的蓬勃发展，则让在线购物、支付、营销等商业活动成为常态，极大地便利了人们的日常生活，推动了全球经济的数字化转型。

新媒体环境下的网络应用形式，从信息的简单获取，到搜索、社交，再到全方位的服务化，每一个阶段都反映了技术进步与社会需求的紧密结合，推动了互联网从单一的信息平台向多元化、智能化、服务化的生态体系演进。

（一）信息互联网应用

在新媒体时代，互联网作为社会交流的核心平台，主要功能在于推动信息的传递和社交连接。尽管点对点通信，如电子邮件，依然在个人间的信息交流中起着关键作用，但大规模信息的传播却依赖于一系列公共平台和媒体渠道。

在这个体系中，信息供应商处于核心地位，他们是信息的采集者和创造者。无论是原创报道、分析文章还是数据库，这些供应商通过专业能力，生产出高质量的内容。这些内容在表现形式上各异，但本质上延续了传统媒体的角色和使命。同时，为了提高信息的可访问性和用户体验，一些专业机构致力于对海量信息进行分类和编目，将其整合成易于导航和检索的形式，使用户能快速找到所需信息。

因此，互联网的应用不仅是传统媒体的线上延伸，更是其进化升级的体现。它运用先进的技术和方法论，使信息的生产和消费更高效、个性化，进一步增强了社会的连通性和信息的流动性。

（二）搜索互联网应用

面对广袤无垠的信息海洋和即时持续传播的挑战，单一的网站或平台往往难以应对。这种局限性催生了搜索引擎的崛起，如百度通过抓取和索引网页数据，构建了一个庞大的信息数据库。当用户提出查询时，这些引擎能迅速解析请求，精准匹配相关数据，呈现出最符合用户需求的搜索结果。这种机制大大缩短了信息搜索时间，为用户和所需信息之间搭建了便捷的桥梁。

搜索引擎致力于优化用户体验，提高搜索效率，确保用户能快速找到目标网页。与传统网站相比，搜索引擎更注重提升用户查询过程中的满意度，即减少从输入关键词到找到满意答案的时间。搜索引擎的商业模式在于提供免费的搜索服务，同时开发创新的广告策略以实现盈利，如竞价排名和按点击付费等常见形式。竞价排名中，广告主通过竞标关键词决定广告展示位置，支付费用与广告点击次数挂钩，使广告主仅为目标点击付费，而非仅为展示付费，这种透明且效果导向的广告模式受到广告主的欢迎。

搜索引擎不仅擅长处理和展示信息，还具备强大的数据分析能力，成为收集统计数据和促进信息传播的有效工具。它不仅方便了个人获取知识和创意启发，还为企业管理和发展提供了数据支持，成为现代社会不可或缺的信息中枢。

（三）社交互联网应用

社交互联网应用，作为新媒体时代的核心组成部分，整合了即时通信工具、博客平台以及社交网络等多种媒介，不仅重新定义了人际交往和信息传播的方式，更深地融入了人们的日常生活，推动了社会互动的多元化和深度化。这标志着自媒体时代的全面来临。

在这个新媒体框架下，内容创作的主体已从专业的媒体机构转向了广大民众，每个人都有可能成为信息的生产者和传播者。社交网络的崛起正是这一趋势的鲜明体现。它运用先进的技术手段，打破了传统信息传播的壁垒，重塑了信息流动的模式，进而改变了社会结构和人际交流的方式。社交网络将分散的个体紧密相连，构建了一个虚拟而又真实的社交生态系统，使得复杂的社会关系网络得以在数字空间中再现。

在社交网络中，活跃度高、影响力大的用户往往能够汇聚更多的资源和关注，这彰显了社交网络的核心价值取向——以人际网络的密度和质量作为衡量个体影响力的标准。随着社交网络的普及，媒体行业正在经历一场深刻的变革，即从精英化向平民化的过渡。普通人不仅能够成为信息的接收者，更可以成为内容的创造者和传播者，这种"人人皆媒体"的现象，释放出了巨大的社会能量，值得我们深入探讨和关注。

社交互联网应用不仅改变了信息的生产与传播方式，还重塑了社会交往的模式，推动了媒体行业向更加开放、民主的方向发展，展现了新媒体时代下社会互动的新特征。

（四）服务互联网应用

互联网服务的核心在于电子商务的繁荣发展。通过阿里巴巴、亚马逊等在线平台，消费者能够享受到一站式购物体验，包括商品浏览、支付结算以及物流配送等全流程服务。这种模式不仅将传统零售业的交易环节数字化，而且深刻地改变了消费者的购物习惯和消费决策，带来了更高的效率和便捷。

此外，互联网的影响力也延伸到政府机构和企业组织，推动了公共服务和企业运营的数字化转型。在软件部署领域，软件即服务（SaaS）模式已成为主流。这种模式允许用户根据需求订阅特定软件应用，无须承担高昂的硬件购置和维护成本。用户只须根据实际使用量和订阅周期支付费用，这种灵活性为用户提供了更大的选择自由度。一旦不再续订，用户可以轻松切换至其他解决方案，无须担心软件维护问题，从而为众多中小企业节省了大量资源，降低了运营门槛。

SaaS 模式的长期吸引力取决于服务提供商的信誉和服务质量。只有确保稳定的性能和优质的服务体验，SaaS 模式才能持续吸引和留住用户，推动行业的健康可持续发展。电子商务和 SaaS 模式等互联网应用不仅改变了消费和企业运营的方式，还提高了社会效率和优化了资源配置，展示了互联网在推动经济社会发展中的重要作用。

三、新媒体的发展趋势

新媒体的发展和未来展望引发了学术和业界的大量讨论。有人将其视为信息传播的渠道，有人强调其作为设备的角色，与电视、广播并驾齐驱。更有学者认为，新媒体如同空气和空间，悄然无声地塑造了我们的生活环境。这些看似不同的观点，其实并不冲突。新媒体的演变，是从一个简单的工具，逐渐发展成为我们生活中不可或缺的一部分。

从人与新媒体的互动角度来看，如果将新媒体视为设备，那么人与新媒体的关系更像操控者与被操控对象的互动，实际上是目标与手段的较量。然而，当新媒体被视作环境时，它反映的是人与周围世界的共生关系，体现了适应与被适应的动态平衡。

新媒体技术与应用，正在重塑我们的生活方式、社交圈子和发展机遇，构建一个全新的环境。在这个环境中，新媒体不仅是信息的载体，更是连接人与世界的纽带，推动社会朝着更加开放、智能和包容的方向前进。

（一）网络媒体线上与线下发展趋势

网络媒体自诞生以来，经历了显著的演变和进步，其发展轨迹与互联网技术的成熟密切相关，深深植根于当代信息科技的土壤之中。新媒体的实现，仰赖于无线通信网络、信息系统以及卫星技术等多元化的信息传输手段。这些技术的融合，不仅拓宽了信息传播的边界，也丰富了新媒体的文化内涵与社会价值。近年来，网络媒体作为新媒体领域中的佼佼者，展现出蓬勃的生命力与增长潜力。在技术层面，网络媒体不断取得创新突破，不仅推动了其自身的进化，也加速了社会信息化的进程。同时，网络媒体在社会中的作用日益凸显，成为信息时代不可或缺的组成部分。展望未来，网络媒体的发展趋势将呈现以下特征。

1. IP 化

IP 化，作为互联网技术的基石，体现了计算机系统在网络世界中的基本准入门槛。IP 协议的创设，对互联网的飞跃发展有着决定性的影响，促成了全球最大的计算机通信网络的形成。随着 IP 应用的广泛普及，固定的 IP 地址成为数据业务流畅运行的保障，确保了信息的连续性和一致性。

基于 IP 的数据服务开发，已被众多实例验证为既高效又必要的选择，它贴合了现代社会对信息传输的需求，成为主流的业务模式。IPv6 技术的出现与推广，预示着未来互联网的演进方向。相较于 IPv4，IPv6 提供了前所未有的地址空间扩展、更快的响应速度和增强的安全特性，这些优势将推动互联网向更广阔、更安全、更高效的方向发展，为构建现代化的数字生活奠定坚实的基础。

IP 化不仅推动了互联网技术的革新，也引领了网络社会的数字化转型，IPv6 的广泛应用将成为这一进程中的关键步骤，为未来的网络生态构建出更加完善、安全、高效的环境。

2. 无线化

无线化作为现代通信技术的显著特征，突破了传统有线连接的物理限制，通过电磁波的传输实现了数据的无线交换。为了提高无线通信的效率和速度，同时降低成本，计算机科学家们运用了复杂的数学算法，对无线数据传输过程进行优化。随着 WLAN（无线局域网）等无线接入技术的广泛应用，无线通信已逐渐成为我们日常生活中不可或缺的一部分。智能手机、平板电脑等终端设备的普及更是加速了这一趋势。

无线互联网的即时性是其最具吸引力的特性之一。它能在瞬间将信息传递至目的地，这一特性使得无线与有线网络的融合成为可能，让网络连接不再受地点限制，实现了真正的移动办公与生活。这里的"实时性"意味着无论何时何地，网络都能及时响应，向指定目标发送信息，满足了现代社会对信息高速、灵活传输的需求。无线化不仅解放了通信的物理束缚，还极大地提升了信息的传输速度与便捷性，为构建无处不在的网络连接提供了技术支持，促进了网络社会的数字化转型。

3. 智能化

智能化，意味着互联网的触角将进一步延伸至网络边缘，推动更人性化、直观的用户界面诞生，让服务与智能节点在网络的边缘处得以显现。这不仅为社会各阶层提供了定制化服务，也促进了人机之间的有效沟通。

互联网的深度融合打破了传统边界，拓展了"网络生活"的定义，引领我们进入了一个万物互联的时代。物联网和云计算作为智能化的两大支柱，正在推动互联网的智能化进程。物联网通过将各类物理设备接入互联网，实现了设备间的智能交互与数据共享；云计算则提供了强大的数据处理和存储能力，为海量数据的分析与应用奠定了基础。二者的结合，不仅提升了网络服务的智能化水平，还为智能城市、智能家居等应用场景的构建提供了可能。智能化的推进正在重新定义网络与现实世界的联系。

4. 融合化

作为信息科技发展的重要趋势，融合化正在深远地改变社会文化和我们的日常生活。预计未来的互联网将与无线电视网络和通信系统实现深度融合，形成所谓的"三网合一"格局。这一过程涉及技术集成、业务模式创新以及设备优化等多个方面，旨在实现高级业务应用层级的无缝对接，确保技术的一致性和业务的协同性。

"三网融合"推动下的技术统一和业务融合，有望引发更为激烈的市场竞争与合作，促使服务提供商不断创新，为用户带来更为丰富、高质量的服务体验。这一融合进程不仅将重塑信息传播行业的版图，催生新型媒体与传统媒体的跨界合作，还将从根本上改变我们认知世界和社会的方式。

从当前的发展态势和未来愿景来看，"三网融合"有望成为推动信息文化传播模式革新的关键力量。它将打破行业壁垒，实现资源的高效配置，孕育出全新的媒体形态和传播方式，为构建更为多元、开放的信息社会奠定基础。这一融合趋势不仅将优化用户体验，还将对社会信息结构产生深远影响，推动文化繁荣和社会智能化进程。

（二）网络世界是现实世界的延伸

网络世界是现实世界的延伸，并非对现实的颠覆或替代，而是以独特的方式拓展和深化现实生活。在马克思主义哲学的视角中，"现实"主要涉及人类个体与社会群体的实际存在状态。因此，"网络是现实的延伸"这一命题可以从两个维度来解读：首先，网络延伸了人的现实存在。它为个体在虚拟空间赋予了新的身份和表达方式，拓宽了个人的社交圈子和活动范围。在地域无限制的沟通与交流中，人类的生存体验和自我认知得到了丰富。其次，网络扩充了社会现实。它为社会关系网络的构建提供了新的平台，推动了信息的快速流通和知识的广泛共享。在这个过程中，社会结构和文化形态得以演变，社会交往和协作模式变得更加多元化。这进一步深化了社会信息化和全球化进程。网络世界作为现实世界的延伸，不仅拓展了个人的生存空间，也增加了社会的互动领域。同时，它还推动了人类社会在信息时代下的深刻变革和发展。

1. 网络是现实世界中人的延伸

网络是现实世界中人的延伸，这一观点源于两大理论基石：一是马歇尔·麦克卢汉的"媒介即人的延伸"观念；二是赫伯特·英伽登等哲学家关于技术作为人性扩展的理论。这些观点认为，技术与信息传播工具是人类能力的外化，有助于人类拓展和强化自我潜能。

随着技术不断成熟，时空距离被大幅缩短，模仿与思维融合成为人类自我进化的重要阶段。在这一过程中，我们的创新能力得到提升，社会集体因此受益，这与历史上的技术延伸原理一脉相承。然而，技术延伸的利弊值得深思，涉及对技术影响的全面考量。人类功能扩大的同时，社会结构与心理状态也会发生变化，这是一场复杂的社会变革。

根据麦克卢汉的理论，每种媒介都代表了人类某方面能力的延伸：电话拓展了声音与听力，书籍扩大了视觉体验，无线电增强了听觉，电视实现了视听结合，互联网则进一步提升了大脑的认知与信息处理能力。互联网的诞生是对现实个体的全方位延伸，它利用多媒体特性，将个人性格特征与情感投射至网络空间，使得网络世界变得复杂且充满冲突。这些特质本质上源自现实生活中个体的多样性与复杂性。

网络是现实世界中人的延伸，不仅放大了个人特质，还深刻影响了社会心理与人际关系，是人类技术发展与社会变迁的生动体现。

2.网络是现实社会的延伸

马克思主义认为，人类本质在于其社会性，社会关系构成了个体的本体论核心，超越了孤立的个体存在。据此，我们可以理解网络作为现实社会的延伸，不仅拓宽了人性的边界，也放大了社群维度。

互联网的根基深深植根于现实社会的土壤之中，无论是通过在线媒体搭建的虚拟社群，还是通过网络揭示的现实生活新面向，互联网与现实社会的联系显而易见。网络世界与现实世界之间存在既竞争又互补的复杂关系。在这个大背景下，网络行为对人类生活形态产生了深远影响，不仅体现在线上互动模式和社交关系变革，还涉及社群交流方式革新、社会话语体系重塑，以及更深层次的文化和社会结构转变。网络不仅改变了人们的交流方式，还推动了社会整体进化，成为现代社会不可或缺的一部分。

（三）虚拟与现实：并存互融、共生互补

虚拟与现实的并存互融、共生互补，已成为互联网时代的一大特色。虽然互联网立足于实体社会，但线上与线下世界间仍存在着紧密的联系。技术追求平等权利，使得我们在虚拟与真实自我互动中，难以摆脱现实社会地位的制约。这可能使我们在重新审视社会体系时，挑战现有的社交层级划分和社会结构，从而引发潜在的不稳定因素。

在探讨在线社群力量变迁时，我们必须正视这种复杂性和多样性。信息传播过程始终受到主体间关系及其控制力的直接影响或潜在作用。虚拟与现实之间的差异表现在：传统社会中的主客观角色定位主要受权威机构力量分配机制的控制；而在新媒体时代，由于"非集中化的管理制度"，知情者的话语权变得尤为重要，人们的沟通方式发生了根本性变革。

因此，在线活动虽不能完全摆脱线下束缚，但两者间的差异也促成了一个融合数字领域与人际领域的全新数字化社区。在这个社区里，主观与客观双方相互依存，又保持一定差异，形成了独特的状态与压力感。

1. 个体间的主客体关系受现实世界的约束

在现实生活中，人与人之间的互动模式是一种常见现象，每个个体都有相对清晰的角色定位。然而，在互联网环境中，信息的存储与传递主要依赖于二进制数据，这使得个体的身份发生了转变，一个人可能拥有多个虚拟身份。

尽管如此，基于身份等级的社会划分在网络世界中依然存在，但其形式已经发生了变化，演变为新型的网络身份。个人的虚拟身份构成了网络社会的阶层差异基础，这种情况与现实生活中的社会结构有所不同。我们在根据自我意愿塑造"实体"的过程中，并没有真正触及它们，而是创造了一个"形而上学的实验场""符号的世界""现实框架系统"以及由现实中的"要素"通过有机组合产生的"真实结果"。网络世界拥有其独特的"原型"。

简而言之，虽然网络空间为个体提供了塑造多重身份的机会，但社会结构与身份等级的概念依然在网络世界中存在，它们以新的形式呈现，构成了网络社会的独特景观。

2. 网上虚拟世界影响现实世界

人们通过获取知识和寻求专家指导得以享受网络世界的新型自由，但同时也面临着由知识型专家构成的网络精英阶层的主导。这种现象不仅存在于虚拟的数字世界，也对实际生活产生了一定程度的影响，原因在于两者之间存在密切联系。

在网络社会中，主体和客体都会受到信息和现实权力的双重影响，不同之处在于网络更加注重软权力。现实社会重视硬权力，但实际上虚拟社会和现实社会相互影响、相互制约。当现实个体进入网络并试图影响他人时，他需要他人的回应和追随，不能绝对掌握主体身份，还要倾听他人的诉求，可能接受他人的意见，主体的引导也可能转变为倾听和接受，即主体部分的客体化。

3. 网络文化和现实世界的融合与交流

网络文化与现实世界的交融互动成为现代生活形态的显著特征。社会生活形态的文化与政治状态相辅相成，同时又以独特的方式影响人们的日常生活。经济作为社会的基础，政治则是其具体表现。工业化发展及全球化进程根据一定准则推动了人际关系的社会进步。因此，各个方面的交融与提升形成了一个错综复杂的网状结构。

网络文化不仅是现实世界政治、经济和文化的反映，同时也对其产生了积极的影响和引导。它既与社会文化有所关联，又呈现出与现实社会截然不同的特质，对当前社会产生了深远的影响。

第二章　新媒体营销概述

第一节　新媒体营销内涵特征

一、常见的营销理念

商业观念是企业在制定和执行业务战略时所遵循的核心理念、理论框架和行为指南，它体现了企业的经营哲学和思维方式。这种商业观念贯穿于整个营销流程，决定了企业的营销目标和准则。企业选择并恰当运用何种营销理念，对营销效果具有至关重要的影响。以下是几种常见的营销理念，被广泛应用于企业。

（一）整合营销

整合营销，也被称为"整合营销传播"，其核心理念在于通过企业与消费者的双向沟通，使企业能够深入了解消费者的价值观和需求。在此基础上，企业可以制定统一的营销策略，并整合运用各种营销工具和渠道，以实现最佳营销效果。这里的"整合"，强调的是各种营销手段的协调与统一，注重实际的实施效果。1960年，美国营销学教授杰罗姆·麦卡锡提出了著名的4P理论，即产品、价格、渠道和促销。他认为，为了在市场营销活动中取得成功，企业必须精心选择合适的产品、定价策略、销售渠道和促销方式，以将产品和服务有效地推向目标市场，这标志着营销学进入了以市场为导向的新阶段。

随着时代的发展，营销学者唐·舒尔茨等人提出了适应新时代的4C理论。该理论强调企业应以满足顾客需求为核心，产品要符合顾客期望，降低顾客的购买成本，确保购买过程的便利性，并实施有效的沟通策略，以顾客为中心。

在新媒体环境下，我们可以更有效地将传统与现代营销策略相结合，实施有效的营销活动。这包括以"客户"为中心的"Customer-Centricity（CC）"理念，以及基于此理念的四个关键要素：成本（Cost）、沟通渠道（Communication）、便利性（Convenience）和价值（Value）。同时，我们还可以运用经典的4P原则（产品、价格、渠道、促销）作为补充手段，以在实现盈利目标的同时尽量满足用户需求。这种整合式营销方法不仅能为企业创造最大收益，还能确保消费者获得满意的使用体验。

（二）"软"营销

"软"营销，也被称为"柔性"营销，是一种适应互联网环境的营销理念，针对传统企业强势营销而提出。这种营销方式强调重视消费者的感受和体验，而非直接采取大规模的强势广告宣传。相反，它以攻"心"为上，展示企业软实力，淡化商业色彩，甚至鼓励消费者主动参与企业的营销活动，从而更容易接受企业的产品。

传统的营销模式以企业为主导，企业在营销活动中占据强势地位，消费者则处于被动参与的状态。但随着新媒体的发展，强势营销已越来越难以吸引消费者的兴趣和认同。互联网经济的特点决定了营销活动必须以用户为中心，注重用户体验和感受。企业在宣传过程中应友善待人，减少商业活动的强调，尊重消费者，提供有价值的内容。

现今，软文营销已成为"软"营销的一种典型表现形式。它致力于建立企业软实力，采用温和而非咄咄逼人的策略，潜移默化地展示企业良好形象。然而，"软"营销与强势营销并非完全对立，有时二者可以相辅相成。在进行"软"营销的同时，辅以适量的强势营销，能有效推动消费活动；而在强势营销活动中，适当加入柔性营销的元素，也能起到催化作用。两者的巧妙结合，往往能取得更好的效果。

（三）关系营销

关系营销的概念最初由学者白瑞（Berry）在1983年提出，他将其定义为"吸引并强化消费者关系"的过程。这一概念包含两层含义：首先，它强调了商业活动在广泛市场环境中的深远影响，涵盖消费者群体、员工、供应链以及公司内部的分销网络等多个领域；其次，从细分角度来看，企业的经营模式应从过去的单一买卖关系转向关注持久性的合作伙伴关系建设，这一观念更具实际操作指导意义。

简而言之，关系营销将所有商务往来视为一种持续的企业与用户（或其他参与者）之间的互动，旨在构建稳固的长期信任关系体系，提高客户满意度，并最大限度地实现双方利益共享。研究表明，获取一位新客户的成本往往是维护现有忠诚客户所需成本的数倍之多，因此，在维护良好客户关系的基础上进一步深化双方的人际交往，对公司未来的发展前景具有重要意义。

（四）数据库营销

数据库营销是一种构建和积累客户个人信息的营销策略，这些信息通常在客户使用应用程序购买商品或搜索产品时收集。企业可以借助这些一对一的交流模式，根据大量客户资料实施个性化营销活动。

精准定位式网络营销是一种选择性地利用电子邮件、手机短信或电话等工具，对消费者进行深入了解并保持良好关系的销售模式。在大数据环境下，这是不可忽视的重要因素之一。传统营销方式往往将受众视为一个群体，而精准定位式网络营销则关注每一个个体，努力提高客户满意度和忠诚度，以最大限度地挖掘每位客户的商业潜力。这种新型市场营销基于现代数字化技术和互联网通信技术的应用。通过有效的数据收集和处理过程，商家与客户建立了直接沟通渠道，使双方都能从中受益。

二、新媒体营销的内涵界定

新媒体营销是指个人或企业通过发现并挖掘潜在消费者的潜在需求，打造产品并通过新媒体工具进行推广、传播和销售的一种社会行为。这种行为的核心在于深入挖掘产品本身的内涵，努力满足消费者的需求，使消费者对产品有深刻的认识，从而激发其购买欲望。在当今激烈的市场竞争环境中，营销主体必须寻找各种有利机会，以确保在竞争中占据更有利的地位。

由于新媒体能够直接连接消费者，企业可以利用新媒体平台执行其营销策略，拥有更多的自主选择权。因此，越来越多的企业将其主要的市场宣传活动转移到新媒体平台上，使其成为营销计划中的关键组成部分。简而言之，新媒体营销是企业运用新媒体工具实施的一种营销行为，它利用数字化、互联网和在线等多种方式来传播商业信息，以实现营销目标。例如通过数字媒体、移动设备或应用程序进行的所有市场推广活动，包括广告行为，都被视为新媒体营销的一部分。

新媒体营销以互联网为基础，通过微博、微信、搜索引擎、短视频、直播等社交媒介来整合企业的推广信息，并与大量用户建立紧密的联系。例如淘宝店铺利用直播活动来吸引粉丝、展示商品和进行促销活动，最终实现销售目的，这也是新媒体营销的一个典型例子。

三、新媒体营销的特征

新媒体营销依托于互联网的发展，突破了传统营销的局限，展现出多元性、精准性、互动性、高效性及普及性等显著特征，为营销主体开辟了更多的营销渠道和更加灵活的营销方式。

（一）多元性

新媒体营销展现出高度的多元性，不局限于单一的营销手段或形式，而是能够综合运用文字、图片、音频、视频等多种媒介形式，在不同的平台上进行组合式的营销活动。随着移动端的普及和多元化的传播载体，新媒体营销为企业提供了更广阔的展示舞台，使营销信息能够触及更广泛的用户群体。

这种丰富的营销形式和手段更能吸引用户的注意力，给他们留下深刻印象。新媒体营销的传播途径具有多样化，能够承载大量的营销信息，已经超越了传统媒体的营销模式，使企业的商品营销更具创新性和吸引力，并在更高层次上满足了消费者的消费需求。

（二）精准性

在互联网时代，信息海量且丰富多样，常常使人陷入信息过载的困境，难以从海量数据中筛选出有价值的内容。为了实施个性化营销策略，企业通常需要花费大量时间和精力来识别并定位目标客户群体。然而，通过运用大数据分析和先进算法技术，企业能够精准地描绘消费者的消费行为和偏好，进而更深入地理解并满足他们的需求。

利用这些技术，企业能够为消费者量身定制产品和服务，并采用精准的营销策略进行推广，从而在节省资源的同时提高营销效率。例如当用户在淘宝等电商平台使用手机搜索特定商品后，平台会根据用户的浏览历史和兴趣爱好，在主页推荐区展示相关的"猜你喜欢"商品列表。这种方式将商品直接推送给潜在消费者，激发他们的购买欲望，实现更高的转化率。对消费者而言，这种个性化推荐能帮助他们快速比较不同商家的产品，减少不必要的搜索时间，从而提升购物体验。这正是新媒体营销人性化和精准的核心特点。

（三）互动性

传统的营销方式通常是单向的信息传递，缺乏与消费者的互动交流。然而，新媒体营销提供了丰富的互动机制，让消费者在接收信息的同时，可以通过评论、点赞等方式表达自己的观点和反馈。这种双向沟通不仅提升了用户体验，也使得企业和消费者之间建立了更为紧密的联系。

对企业来说，这些互动反馈有助于优化产品和服务质量，塑造正面的品牌形象。通过分析消费者的反馈，企业可以及时调整策略，确保产品更好地满足市场需求。对消费者来说，这种互动机制为他们提供了一个发声平台，让他们在购买决策过程中更能维护自身权益。这种反馈机制推动商家不断提高产品质量和服务水平，以满足消费者期望。

以电商环境为例，大部分购物平台都设有评论功能，消费者可以在此留下文字评价、上传照片或视频，分享使用体验。这些真实反馈帮助潜在买家全面了解产品，做出明智的购买决策。同时，消费者还可以在评论区互相提问、回答问题，形成一种社区式的交流氛围。这种互动不仅发生在企业和消费者之间，也包括了消费者之间的交流。新媒体营销的互动性极大提升了营销活动的效果，同时提高了消费者的参与度和满意度。

（四）高效性

在过去，企业在进行市场营销活动时，需要投入大量的人力、物力和财力，如制作并分发宣传册、建立网站、举办各类活动等。然而，这些传统方法不仅成本高昂，效果也往往有限。相反，利用新型互联网媒介进行营销则更为高效和经济。

企业可以利用互联网平台，迅速集中资源，吸引目标客户群体的关注。例如在社交媒体平台如微博、论坛、微信公众号等上免费开设账号，展开营销活动。当产品受到欢迎时，一些具有影响力的网络红人可能会自发参与推广，通过口碑传播帮助产品获得更多曝光。这种开放式的营销方式既降低了企业的营销成本，又以更为柔和的方式进行宣传，容易被消费者接受。

以小红书为例，用户可以在平台上查看各种产品的笔记，包括博主和其他用户的使用体验、评价及建议。在购买前，用户可以阅读这些笔记，了解产品的相关信息，并在评论区与其他用户互动，提出具体问题。小红书还会在笔记下方嵌入商品链接，方便用户直接点击购买。这种方式不仅简化了消费者的购物流程，还提高了企业的营销效率。利用互联网媒介进行营销能显著提高营销活动效率、降低成本，并为消费者带来更便捷、丰富的购物体验。

（五）普及性

新媒体得益于互联网技术的飞速发展，已广泛渗透到人们的日常生活之中。如今，智能手机的普及使得每个人都成了新媒体的参与者，手机也自然而然地成为新媒体内容传播的主战场。对企业来说，这无疑意味着巨大的市场潜力。他们可以借助新媒体平台，精准触达目标受众，开展高效营销，进而吸引更多忠实的消费者。

新媒体的普及不仅让信息传播变得更加便捷高效，也为其在市场营销领域开辟了新的可能。新媒体营销的成功在很大程度上得益于新媒体自身的普及程度，它使得营销策略能够更深入地融入人们的日常生活。

四、新媒体营销与传统媒体营销对比分析

（一）新媒体营销较之于传统媒体营销的优势

1. 传播效果最大化

与传统的"一对一"宣传策略相比，新媒介推广呈现出一种"全民参与"的模式。这种创新的推销方式在很大程度上解决了传统宣传面临的覆盖面有限、单向信息传递以及交流障碍等问题。销售渠道从电视、电台、报刊等传统媒体扩展到更具交互性和普及度的社交网络及 LED 广告等领域。在这个系统中，发布和接收信息的过程同时存在，从而进一步扩大并深化了宣传效果。借助新媒体平台的力量，原始的单向营销结构已发展成为一种网状营销结构，营销活动产生的效果能够传递到每个最小单位，最小单位之间实现相互沟通，使新媒体营销的传播效果达到最大化。

2. 消费者信任感增强

在传统营销向新媒体营销转型的过程中，消费者对品牌效应的追求逐渐转变为对企业品牌的信任和依赖。特别是在社交媒体平台上开展的新媒体营销，它以人际信任和强关系网络为突破口，使消费者更容易产生信任，而不仅仅是为了追求品牌效应。新媒体营销的主要方式并非依赖传统的品牌效应来吸引流量，而是通过社交媒体和论坛等平台与消费者建立情感联系，争取他们的信任，进而有效传递品牌营销信息，提升营销效果。

3. 内容为王，传播取胜

在市场推广领域，传统的观念强调"渠道至上，抵达取胜"，即注重广告的覆盖面和传播广度。然而，随着新媒体时代的到来，新的核心观念则是"内容为王，传播取胜"。这一观念不仅关注渠道质量，更强调营销内容的质量。

新媒体营销依托于新媒体平台，其独特之处在于，它不仅关注传播的广度，更重视内容的深度。具有创新价值、实用性强、易于分享且包含情感指向的内容更能吸引消费者的关注。相比传统营销方式，新媒体营销通过社交媒体进行传播，成本更低，传播效果更易被预测，也更能为消费者所接受。

在这种模式下，公司不再仅仅依赖广告覆盖面来衡量影响力，而是通过优质内容在新媒体平台上的传播，来实现营销目标。这种方式使得公司能够更精确地掌握传播效果，从而更好地评估广告的影响力。总之，新媒体营销时代已经到来，内容为王，传播取胜，已成为营销策略的重要原则。

4. 创意性更强

传统营销方式单一，如报纸广告仅限文字，广播广告仅限声音，电视广告仅限视频。然而，新媒体营销展现了更强的创意性和多样性。在新媒体平台上，广告不仅可以融合文字、音频、视频等多种元素，还可以运用超链接、H5互动页面、LED屏幕展示等丰富形式。新媒体广告在内容创新方面领先，传播方式也更为多样。例如在观众观看电视节目、刷短视频或浏览社交媒体时，广告可以以字幕、动态图、话题标签等形式呈现。

新媒体营销极大地拓宽了广告设计的自由度，提供了更丰富的推广策略，弥补了传统媒介在创新方面的不足。借助新媒体平台，各种新颖元素可以融入不同营销渠道，激发更具创意的策略，对品牌整体推广具有重要意义。

（二）新媒体营销较之于传统营销的劣势

1. 民间舆论场的复杂性

新媒体赋予了普通人表达观点的能力，使得民间舆论场变得更加复杂。在这个信息繁杂的时代，企业在进行新媒体营销时必须特别谨慎，因为即使是微小的失误也可能引发公众的广泛批评。因此，企业在策划营销活动时需要更加小心翼翼，并在出现问题时妥善处理公共关系。对那些根基不够稳固的企业来说，在这样复杂的舆论环境中，很容易成为不必要的牺牲品。

2. 新媒体营销环境具有极高的不稳定性

新媒体营销所面临的复杂性和不稳定性远超过传统营销。在这种环境下，企业一旦遭遇危机，可能需要付出更高的公关成本来应对。虽然新媒体营销具有高度灵活性，但同时也伴随着结果的不确定性，这使得在面对无法预测的情况时，危机管理的难度得以加剧。

第二节　新媒体营销的原则与方式

一、新媒体营销的原则

（一）利益原则

营销策略的核心是为客户提供他们真正需要的价值。企业应该从客户的角度出发，思考如何为他们带来实际的好处，这些好处不仅限于物质层面，还包括提供有价值的信息、强大的功能、优质的服务、超出期望的满足感以及提升声誉。

（二）定位原则

新媒体营销需要明确的定位。企业应根据自身的资源和外部环境来确定自身的定位，并将其与目标消费群体相联系。准确而清晰的定位有助于推动企业的发展，反之则可能导致不利后果。

（三）互动原则

互动原则强调利用互联网的互动特性，有效利用网络工具与目标用户进行沟通，以取得最佳的营销效果。通过让消费者直接参与到品牌活动中来，可以创造更深刻的品牌印象。将消费者视为主体，与品牌进行平等的对话，可以为营销带来独特的竞争优势。品牌形象在未来将成为一个待完成的作品，而消费者的经验和参与将决定其最终形态。营销人员需要掌握引导和控制这种互动的能力。

（四）趣味原则

趣味原则要求营销活动具有娱乐性和趣味性。考虑到网络用户主要是年轻人，他们在网上花费大量时间进行娱乐活动，因此新媒体营销活动必须有趣，通过有趣的标题、图片和文字吸引目标用户的注意，从而建立联系。

（五）个性原则

个性原则意味着利用互联网的数字化特性和一对一的方式实施个性化的营销策略，让目标客户感受到被特别关注的感觉。这种个性化的方法更加贴近客户的偏好，更有可能激发他们的参与和消费行为。

（六）实时原则

随着互联网的普及，传统的信息发布方式已不再局限于特定的时间段。新媒体营销能够实时跟踪社会热点，并根据消费者的反馈进行即时互动。这样，广告商可以在短时间内吸引更多的关注，实现更有效的宣传效果。

二、新媒体营销的体系

随着数字化科技和通信科学的飞速发展，新媒体不仅跨越了新闻行业和电信领域的界限，还将传统的有线网络、无线信号传输系统等通信工具区分出来。这不仅改变了信息传递的结构，也影响了用户获取信息和交流的方式，从而引发了一场深刻的变革。在面对这场变革时，营销者必须重新构建其营销体系。构建新媒体营销体系的两项关键支柱是大规模的数据库和共享的传播平台。企业应根据消费者的兴趣和需求建立消费者数据库，依据新媒体的特性构建信息平台，结合消费者、新媒体特性和企业发展目标制定营销战略。此外，利用大数据进行效果评估，以提高营销的精准性和效率。只有这样，企业才能在新媒体营销体系中脱颖而出，实现营销目标。

（一）建立以消费者为核心的数据体系

新媒体的数字化特性使得企业能够轻松收集大量关于消费者的详细信息，这些信息对企业的营销策略至关重要。在新媒体环境中，品牌不再仅仅是企业单方面塑造的结果，而是由消费者共同参与塑造的。随着社交媒体的兴起，互动成为营销的核心，企业渴望与消费者建立有效的互动关系。

在新媒体营销中，互动不仅涉及企业和消费者之间的互动，还包括消费者之间的互动。通过这种互动，企业不仅能更高效地塑造正面品牌形象，还能根据互动过程中收集的数据深入了解消费者的真正需求和偏好，从而更好地服务于消费者。

因此，在新媒体营销的内容体系中，企业需要根据其营销目标和市场定位，构建一个以消费者为中心的数据体系。这个数据体系以消费者数据库为核心，并辅以各级经销商数据库和企业内部员工数据库，后两者旨在更好地服务于消费者数据库。因为深刻理解消费者是新媒体营销成功的关键，谁最了解消费者，谁就能赢得消费者的青睐。

以诺基亚为例，尽管它曾在 1998 年至 2011 年间连续 13 年位居全球手机市场份额榜首，并在 2000 年达到了 3030 亿欧元的市值高峰，但到了 2013 年 9 月 3 日，其市值骤降至 71.7 亿美元，并将手机业务出售给了微软。诺基亚的衰落与其创新乏力、坚守传统、未能抓住智能手机发展的机遇密切相关。在新媒体时代，若不持续创新，就无法提升消费者的体验满意度，而糟糕的体验会导致消费者流失。相反，小米的成功在于它深刻理解用户需求，并通过新媒体营销建立了消费者数据库。小米有着自己独特的与用户沟通的方式，通过社交媒体让用户参与产品设计，为中国手机用户量身打造产品，培养了一批忠实的粉丝，即"米粉"。小米利用用户的力量来进行品牌传播和营销，这是其成功的关键之一。

（二）构建信息传播生态系统

新媒体时代的融合特性赋予了数字化信息承载和表达方式的多样性，使每个人都能成为信息传播者，迎来了"全民皆可发声"的新时代。在这种环境下，消费者之间的信息传递形成了"病毒式"的信息扩散效应，让每个个体都成为品牌的传播工具。

为了适应这种变化，企业需要关注影响信息传播效果的所有相关方，积极构建全面的新媒体信息平台，打造独特的信息传播生态系统。这个系统应包括企业的目标消费者、内部营销人员，以及媒体专家、意见领袖、普通网民和社交平台等其他因素。作为建设者，企业要持续关注自身品牌、竞争对手和整个行业的发展趋势，留意网络舆论导向和消费者需求变化，确保系统能及时收集信息、迅速做出反应，保持与消费者和网民的有效沟通，维护良好的客户关系。

以小米为例，它建立了自己的专属社区——小米社区。在这个社区里，用户不仅可以获取产品最新信息、发表观点、分享使用体验，还能感受到归属感。作为社会性动物，人们一旦产生归属感，便会与品牌建立信任关系，成为品牌的忠实用户和支持者。

（三）打造全平台内容营销生态闭环

新媒体赋予了营销者与传统媒体时代截然不同的营销平台和手段。诸如门户网站、搜索引擎、网络游戏、微博、微信、APP 等平台，以及手机、PC 和平板电脑，都成为营销活动的舞台。文字、图片、视频、地图和语音等多元形式，成为传递营销信息的工具。网络"大咖""草根"网民以及企业官方账号，都成为营销的重要参与者和影响者。因此，在新媒体时代，企业若想打造品牌，就需要充分利用各类传播媒体和营销工具，构建一个全平台的内容营销生态闭环。这意味着要通过各种方式激发消费者的参与热情，持续提供优质的内容营销，形成良好的口碑效应，以实现资源的最佳利用和企业效益的最大化。

以曾受我国年青一代喜爱的牛仔裤品牌"李维斯"为例，面对"优衣库"等快时尚品牌的竞争，其在我国市场的销量遭遇了下滑。为了应对这一挑战，李维斯制订了一套提高品牌知名度和市场份额的营销计划。该计划涵盖了数字化媒体、社交网络、电视台、电影院、纸质媒体、移动设备和实体店铺等多个领域，通过线上线下活动，深度触达并激发消费者的参与。

李维斯巧妙地运用了视频营销的力量，制作了一系列展示全球不同消费群体在各种场景下穿着李维斯服装的短视频，凸显了产品特色。这些视频的视觉冲击力让消费者深深感受到了李维斯的独特魅力。

此外,李维斯邀请了来自各行各业的专家,如歌手、时尚人士、编辑、摄影师和潮流领袖等,分享他们心目中的"有趣生活"故事,以此激励顾客分享自己的个人经历。名人的参与带来了热门话题,全球各地的顾客可以通过李维斯提供的平台,分享他们对"有趣生活方式"的见解,与品牌建立联系,从而不断提升顾客的兴趣和参与度。

通过重视消费者的参与度,充分利用社交媒体的传播优势,并合理运用自身资源,李维斯成功地让更多消费者与品牌产生互动,构建了一个健康可持续的营销循环。

（四）利用大数据进行效果评估

在新媒体时代,企业拥有了比以往更多的消费者数据,但如何利用这些海量数据以及如何获取一些核心数据成了困扰。因此,企业在营销过程中须不断搜集相关数据,构建基于大数据的效果评估新体系,以客观评估营销效果并优化营销策略。

为实现这一目标,公司可从两方面入手:一是充分利用数字媒体的优势,通过搜索引擎、口碑营销和舆情监控评估工具来衡量品牌广告和营销的成效;二是合理构建效果评估系统,全面评估并判断业绩。借助基于大数据的效果评估数据,企业能更好地开展新媒体营销活动,提升营销效果和效率。

利用大数据技术进行店铺评级的方式在电商领域得到了广泛应用。客户与商店之间的每一次互动,如购买产品、浏览网站或接受售后服务等,都是评估商店运营状况和市场推广成效的关键指标。以京东为例,自从其启动了商店评估系统后,不仅在面向公众的界面上,还在内部管理平台上详细展示了商店评价系统及其成果。这使得顾客和员工能够轻松快速地获取所需的信息,增强了双方的沟通透明度。

对消费者而言,他们可以清楚地了解每个商店的服务质量、产品种类、发货速度等方面的评级信息,这些具体而明确的数据为他们的购物决策提供了有力的支持。从商家的角度来看,评级结果可以帮助运营人员识别自身的优点和不足,从而改善运营状况,不断提高服务水平以获得更好的评级。而更好的评级成绩又能吸引更多用户,形成一个良性循环。

三、新媒体营销的方式

（一）"饥饿"式营销

"饥饿营销"是一种极具争议性的市场策略，它通过刻意控制产品的生产和供应量，营造出产品短缺的假象，从而保护品牌价值，维持较高的价格和利润水平。尽管在网络环境下，买卖双方的信息透明度得到了大大提高，但仍然存在一定程度的信息不对称。这种不对称性为我国企业利用新媒体平台实施饥饿营销创造了条件。

首先，在网络环境下，消费者获取信息的渠道变得更加多样化，这使得企业很难对市场信息进行全面控制。然而，由于在信息处理和判断能力上的差异，部分消费者仍然容易受到企业营销策略的影响。企业可以通过新媒体平台发布有限量的产品信息，制造出供不应求的现象，从而刺激消费者的购买欲望。

其次，网络环境中的信息传播速度极快，消费者的购买行为容易受到舆论和口碑的影响。企业在实施饥饿营销时，往往会利用新媒体平台进行大量的宣传和推广，借助口碑效应和社会认同感，使消费者产生紧迫感，进而提高产品的销量。此外，新媒体平台为企业实施饥饿营销提供了便捷的条件。企业可以精准地推送信息，针对不同消费者群体制定个性化的营销策略。同时，通过限时促销、抢购活动等方式，刺激消费者的购买欲望，使饥饿营销策略得以有效实施。

然而，饥饿营销也存在一定的风险。消费者在意识到企业的营销策略后，可能会对产品产生质疑，甚至引发抵制。此外，过度依赖饥饿营销可能导致市场失衡，影响企业的长期发展。因此，企业在实施饥饿营销时，应充分考虑市场需求和消费者心理，避免过度追求短期利益。

在我国，饥饿营销策略在许多行业得到了广泛应用，如手机、家电、化妆品等领域。企业在实施饥饿营销时，应充分了解消费者需求，合理控制营销力度，以实现品牌价值和企业利益的平衡。同时，政府部门也应加强对饥饿营销的监管，维护市场秩序，保障消费者权益。

网络环境下的信息不对称为企业实施饥饿营销创造了条件。然而，企业在利用新媒体平台开展饥饿营销时，应充分考虑消费者心理和市场需求，遵循市场规律，实现品牌价值和企业利益的共赢。同时，政府部门和行业协会也应加

强对饥饿营销的监管和引导，促进行业的健康发展。

（二）"病毒"式营销

"病毒"式营销，是一种极具创意和策略性的商业传播手段，它以一种极具传染性的方式在互联网上迅速蔓延，将信息传播到每一个角落。这种营销方式充分利用了大众的参与度和社交网络，以用户为中心，将传播效果最大化。在这个过程中，信息如同病毒一般，从一个个体传递到另一个个体，不断地复制、传播，最终影响大量人群。

"病毒"式营销的核心在于吸引人们的注意力。在信息爆炸的时代，人们每天都会接收到大量信息，如何让产品信息脱颖而出，引起消费者的关注，是企业营销面临的一大挑战。"病毒"式营销通过巧妙设计信息传播路径，让信息在短时间内迅速扩散，形成一种"滚雪球"效应。这种效应使得信息在传播过程中，不断积累关注度和影响力，最终提升产品的知名度和品牌形象。

在实施"病毒"式营销时，企业需要选择用户集中度高、社交能力强、传播范围广的平台。例如我国知名的社交媒体平台微博、微信和 QQ 等，都是进行"病毒"式营销的理想选择。这些平台拥有庞大的用户基础，信息传播速度快，能够迅速将产品信息推向广大消费者。此外，这些平台还具备强烈的社交属性，用户之间的互动和分享行为进一步推动了信息的传播。

除了选择合适的传播平台，企业还须注重营销内容的创意和吸引力。一个成功的"病毒"式营销案例往往具备独特的故事情节、富有创意的表现形式和引人入胜的互动体验，使得消费者愿意主动参与、分享和传播。例如一些品牌会借助热点事件、趣味性元素或情感共鸣，制作出让人眼前一亮的内容，从而激发消费者的传播欲望。

然而，"病毒"式营销并非万能。在实际操作过程中，企业还须注意以下几点：一是适度控制传播速度和范围，避免过度营销引发用户反感；二是关注传播内容的质量和深度，确保信息具有一定的价值和意义；三是遵循平台规则，尊重用户体验，避免过度干扰用户。

"病毒"式营销作为一种高效、广泛的传播手段，为企业提供了一个展示品牌、推广产品的舞台。通过巧妙地利用大众参与度和社交网络，企业可以实现产品信息的迅速扩散，提升知名度和品牌形象。然而，要实现病毒式营销的成功，企业还须在平台选择、内容创意和传播策略等方面下足功夫。在未来的营销战中，"病毒"式营销有望发挥更加重要的作用，为企业创造更大的价值。

（三）口碑营销

口碑营销是一种旨在满足客户需求并提供优质产品和服务的同时，激发顾客积极分享其良好体验的营销策略。在新媒体时代，由于其双向互动的特性，口碑营销活动能够有效地吸引潜在客户，建立良好的企业形象，并最终实现产品销售和服务提供的目标。

首先，新媒体平台的双向互动特性为口碑营销提供了良好的土壤。与传统媒体相比，新媒体使得消费者能够更加便捷地与其他用户互动、分享心得，为企业提供了更多的营销机会。在这个过程中，企业可以通过积极回应消费者的需求和意见，不断优化产品和服务，进而提升顾客满意度。满意度的提高使得顾客更愿意主动分享自己的消费体验，形成正面的口碑效应。

其次，新媒体营销活动可以激发目标受众的参与热情。在新媒体环境下，企业可以通过举办各种线上线下的活动，如优惠券发放、限时抢购、互动游戏等，吸引消费者参与。这些活动既能增加消费者对产品的了解，提升购买意愿，也能让消费者在参与过程中感受到企业的诚意和关爱，从而提高顾客忠诚度。

此外，新媒体平台有助于企业与消费者建立更紧密的联系。通过社交媒体、直播、短视频等渠道，企业可以实时了解消费者的需求和反馈，有针对性地调整营销策略。同时，这种紧密的联系使得企业在面对消费者的问题时，能够迅速回应并解决，进一步提升顾客满意度。

在此基础上，良好的口碑效应逐渐形成。在新媒体环境下，消费者在选择产品和服务时，往往会参考其他用户的评价和推荐。正面的口碑能够为企业带来更多的潜在客户，提高转化率。同时，良好的口碑也有助于提升企业的品牌价值和影响力，进一步稳固企业在市场竞争中的地位。

新媒体平台为口碑营销提供了有力的支持。企业应充分利用新媒体的双向互动特性，关注消费者需求，优化产品和服务，激发顾客的分享热情，形成良好的口碑效应。在此基础上，企业有望实现销售目标和树立企业形象，赢得市场竞争优势。在这个过程中，企业还须不断调整和优化营销策略，以适应新媒体环境的变化，确保口碑营销活动的持续有效性。

（四）情感营销

情感营销，是一种以触动消费者内心情感为核心，从而引发消费者对产品产生认同和共鸣的营销方式。当下，消费市场已经进入一个以情感为主导的时代，消费者在选择产品时，不再仅仅关注产品的质量、价格或者性能，而是更加看重产品所带来的情感体验和对品牌的精神认同。因此，情感营销已经成为企业营销战略中不可或缺的一部分。

在新媒体时代，企业可以利用微博、微信朋友圈、微信公众号等平台，发布情感类软文，以引起目标受众的情感共鸣。这种方式在满足目标受众情感需求的同时，也能为企业带来利益。

情感营销能够提升品牌的知名度和美誉度，通过发布情感类软文，企业可以将品牌理念、产品特点与消费者的情感需求紧密结合，使消费者在阅读过程中，产生对品牌的认同感和好感度，从而提升品牌在消费者心中的形象，树立良好的品牌口碑。

情感营销能够提高产品的销售额，当消费者在情感上与产品产生共鸣时，他们更容易产生购买欲望。通过情感营销，企业可以激发消费者的内心需求，使他们觉得产品不仅仅是一种物质满足，更是一种情感寄托。这样一来，消费者在购买产品时，更容易产生"非买不可"的心理。

情感营销还能够增强消费者对品牌的忠诚度，当消费者在情感上得到满足时，他们会更加愿意信任和支持这个品牌。在情感营销的引导下，消费者会把品牌视为一种生活方式、一种情感象征，从而形成对品牌的忠诚。

情感营销能够降低企业的营销成本，与传统的广告投放相比，情感营销更注重内容的品质和传播效果，而非单纯的曝光度。通过精准把握消费者的情感需求，企业可以以较小的投入，获得较大的营销效果。

在新媒体时代，情感营销已经成为企业拓展市场、提高品牌知名度、增加销售额和培养消费者忠诚度的有效手段。企业应充分利用新媒体平台，发布情感类软文，打动消费者的内心，从而实现企业的长远发展。同时，企业还须注重情感营销的策略创新，以适应市场和消费者的不断变化，赢得市场竞争优势。

（五）知识营销

知识营销是一种新兴的营销方式，它以知识为核心，通过有效的传播手段和路径,将企业所拥有的对用户有益的知识传递给潜在客户。这个过程不仅能够逐步建立起客户对品牌和产品的认知,还能够将潜在客户转化为忠实用户,从而提升企业的市场竞争力。在新媒体时代,知识营销的重要性更加凸显,企业可以借助新媒体平台,快速识别目标受众的需求,提供他们最需要的知识内容,建立起信任感,进而拓展忠实用户群体。

首先,知识营销有助于提升企业品牌形象。通过不断传播有价值的知识,企业能够展示自己的专业素养和行业地位,树立权威形象。在目标受众心中,这样的企业更容易获得信任。而信任是消费者购买决策的关键因素之一,有利于提高产品的市场占有率。

其次,知识营销能够满足消费者的个性化需求。在新媒体平台上,企业可以根据用户的喜好和需求,提供定制化的知识内容。这样既能提高用户体验,又能使用户对企业产生依赖,从而增加转化率。

再次,知识营销有利于培养用户的忠诚度。通过持续提供有价值的知识,企业能够与用户建立深厚的关系,使用户对企业产生情感认同。一旦用户对企业产生情感认同,他们就愿意为企业宣传,成为企业的忠实拥趸。

此外,知识营销还可以提高企业的市场竞争力。在新媒体时代,信息传播速度极快,企业可以通过知识营销,快速识别市场变化,抓住市场机遇,抢占市场份额。同时,知识营销还可以帮助企业树立行业领导地位,引领行业趋势。

（六）软文营销

软文营销是一种极具策略性和针对性的营销手段,它通过运用独特的表达方式,吸引顾客进入企业预设的"思考框架",并借助有针对性的心理影响,快速推动产品销售。这种写作技巧和交流方法,不仅具有极高的营销效果,同时也能够提升品牌形象,增强企业知名度。

软文营销的核心在于对顾客心理的深入把握和对产品理念的精准传达。它以某个具体产品的需求和问题解决方案为基础,对客户实施定向的心理引导。通过深入挖掘消费者需求,找出产品与消费者之间的契合点,进而传达出产品的独特价值。这种方式既能使消费者产生共鸣,又能使他们对产品产生浓厚的兴趣。

从本质上讲,软文营销是企业柔性渗透商业战略在广告中的体现。它不同于传统的硬广告，而是通过书面描述和公众言论，让顾客在不知不觉中接受某些概念、观点和分析思路。这种方式更加潜移默化，能够在消费者心中树立起品牌形象，从而实现品牌的推广和产品的销售目标。

在软文营销中，企业需要精准把握市场动态，抓住行业热点，以此为切入点，引导消费者关注产品。同时，企业还需要具备深厚的文字功底，通过生动、富有感染力的语言，吸引消费者的注意力。此外，软文营销还需要注重策略和布局，对目标消费者进行精细化运营，以取得最佳的营销效果。

在我国，随着互联网的快速发展，软文营销的应用也越来越广泛。许多企业已经意识到，软文营销不仅能够提升产品销量，还能够增强品牌影响力，提升企业竞争力。因此，他们纷纷将软文营销纳入企业整体营销战略中，通过不断优化和创新，提升软文营销的效果。

软文营销是一种极具策略性和针对性的营销手段，它通过独特的表达方式和有针对性的心理影响，实现产品的销售和品牌的推广。企业在进行软文营销时，须注重策略和布局，把握消费者心理，以取得最佳的营销效果。在当前市场竞争激烈的背景下，软文营销无疑为企业提供了一种强有力的营销工具，有望助力企业在市场中脱颖而出。

（七）交互式营销

在交互式营销过程中，消费者与企业是互动的主体。只有找到双方共享的利益点，并且把握好恰当的沟通时机和策略，才能使双方紧密地融为一体。这种交互式营销特别强调双方采取一致的行动。

交互式营销存在两种主要模式：一种是由公司的公共关系活动或相关主题引发的公众反响，这使得目标消费者积极响应并推动事态发展，与公司共同创造出引人注目的影响力。这是公共关系活动成功的关键策略。另一种则是发起一项挑战传统的活动或议题，激起公众的质疑和讨论，进而拓展公共关系活动的广度和深度。

（八）事件营销

事件营销作为一种创新型的营销策略，正日益被我国企业所重视和采用。它突破了传统的广告宣传模式，将新闻、公关、品牌推广等多种手段融合在一起，以一种更加生动、立体的方式，提升了企业或产品的知名度和美誉度，为企业带来了显著的经济效益。

在事件营销中，企业通过策划、组织和利用具有新闻价值、社会影响力或名人效应的事件或人物，吸引媒体、社会团体和消费者的关注。这种关注度的提升，不仅使企业或产品的知名度得到迅速提升，同时也使企业树立了良好的品牌形象。而这种品牌形象的树立，又进一步促进了产品或服务的销售，实现了企业的商业目标。

事件营销的核心在于创造具有新闻价值的事件。这些事件可以是企业的重大决策、公益活动、创新产品发布等，也可以是与社会热点紧密相连的话题。企业通过具体操作，使这些事件广泛传播，从而实现广告效果。这种方式既节省了广告费用，又提高了广告的影响力，实现了广告效果的提升。

此外，事件营销还注重顾客互动。通过线上线下多种方式，企业与消费者进行深度互动，了解消费者需求，提升消费者满意度。这种方式使企业在推广品牌的同时，也了解了消费者，为企业的后续发展提供了有力的支持。事件营销在我国已经得到广泛应用。无论是新品发布，还是品牌推广，事件营销都发挥着重要作用。例如近年来，我国的一些企业通过策划公益活动、发布创新产品等方式，成功吸引了媒体和消费者的关注，提升了企业知名度和品牌形象。

事件营销是一种高效、经济的营销手段，它利用新闻传播规律，将新闻影响力、广告效果、公共关系、品牌曝光和顾客互动等多个元素融合在一起，为企业带来了良好的宣传效果和商业收益。我国企业应进一步重视和掌握事件营销的战略和策略，以期在激烈的市场竞争中，提升自身品牌影响力，实现可持续发展。

（九）会员制营销

会员制营销是一种以会员为中心的营销模式，通过吸引消费者加入成为会员，商家可以对其进行深度挖掘和分析，从而实现精准营销和提高客户忠诚度。随着信息技术的不断进步，尤其是互联网的广泛应用，会员制营销已成为不可逆转的市场趋势。在这场会员制营销的竞争中，谁能率先建立起完善的会员体系，谁就能在激烈的市场竞争中占据优势地位。

会员制营销有助于商家将普通顾客转化为会员，培养稳定的客户群体。通过提供专属优惠、积分兑换等激励措施，企业可以吸引消费者加入会员体系。

而会员身份的特殊性，使得他们在消费时更倾向于选择自己信任的商家，从而提高客户的忠诚度。

会员制营销有助于商家分析消费者的消费信息，挖掘潜在的消费能力。商家可以通过会员管理系统，收集和整理消费者的消费记录、喜好等信息，从而对消费者进行精准画像。基于这些数据，商家可以推出符合消费者需求的商品和服务，提高销售转化率。

会员制营销有助于商家获取长期消费价值，通过会员管理系统，商家可以持续关注会员的消费动态，为他们提供个性化推荐和贴心服务。同时，会员制营销还可以通过客户介绍等方式，最大化一个客户的价值。例如商家可以鼓励会员分享优惠券、邀请好友注册等方式，实现口碑传播和拉新效果。

要想在会员制营销中脱颖而出，商家需要注重以下几个方面：

1. 个性化服务：商家需要根据会员的消费喜好、需求等信息，提供个性化的商品和服务，以提高客户满意度。

2. 数据挖掘与分析：商家需要不断优化会员管理系统，深入挖掘和分析消费者数据，实现精准营销。

3. 互动与沟通：商家需要与会员保持良好的互动和沟通，了解他们的意见和建议，不断优化产品和服务的质量。

4. 客户体验：商家需要关注会员的消费体验，提供优质的购物环境和贴心的服务，提高客户忠诚度。

随着信息技术的进步，会员制营销已成为市场竞争的必然趋势。商家需要紧跟时代发展，不断完善会员管理体系，挖掘会员价值，以实现可持续发展。在这场会员制营销的竞争中，率先建立起完善体系的商家将脱颖而出，成为市场的佼佼者。

第三节　新媒体营销的定位与发展

新媒体营销的定位与发展首先要求对营销策略进行细致规划和管理。这个过程的核心在于明确目标受众，以便更精准地实施推广计划。具体而言，需要回答以下三个问题：我们要服务哪类人群？我们应该提供哪些产品或服务？我们的宣传平台应如何选择？这三个问题分别对应用户定位、内容定位和平台定位。只有在深入了解和分析这三个方面后，我们才能有针对性地开展营销策划。

一、用户定位

在菲利普·科特勒的经典著作《营销管理》中，他强调了定位的重要性：这是一种旨在让企业产品在目标消费群体心中占据独特位置的行为，目的是使品牌深入人心并实现企业的最大潜力收益。精准的用户定位是细分产品市场、了解目标市场、匹配产品与市场需求、设计新媒体营销内容与策略的前提和基础。只有当公司首先理解用户，并且明确了解用户需求，他们才能利用新媒体来缩短与用户的距离。

（一）确定目标用户群体和用户群体特征分析

在市场推广活动中，确定目标用户群体以及分析用户群体特征至关重要。这涉及企业或产品所面向的服务对象，目标是深入理解目标用户的关键需求和消费偏好，以便制定出有效的营销策略，从而在用户心中占据优势地位。

1.确定目标用户群体

在当前个性化消费潮流加速的背景下，明确目标用户群体对公司产品开发至关重要。它能为产品设计提供方向和灵感，通过满足消费者的核心需求，挖掘产品的优势或"卖点"，进而制定相应的营销策略和开展宣传活动。

根据马斯洛的需求层次理论，人类需求可分为五个层次：生理需求、安全需求、社交需求、尊重需求和自我实现需求。我们可以借鉴这一理论，运用分类假设法和归纳总结法来界定和解析目标消费者群体的特性，以便了解他们的心理期望和偏好。

在确定用户定位前，请思考以下问题：

（1）产品的目标用户群体是谁？

（2）目标用户群体的核心需求是什么？

（3）如何定位和分析用户群体？

2.用户群体特征分析

用户群体特征是指根据产品用户的共同特性进行标签化归类，通常包括地域分布、人群属性、接触与传播信息的媒介与方式、活跃程度等多个维度。

针对不同消费者的心理需求，我们可以根据目标用户的购买行为规律来制定以下策略：

（1）使用分类假设法构建目标用户群体的认知框架。

（2）通过总结归纳法提炼出核心用户群体的特征。

（3）利用诸如百度指数、阿里指数、腾讯浏览指数和新浪微博指数等数据分析工具，验证产品用户定位的准确性。

通过上述步骤，企业可以更准确地理解目标用户群体，为后续的产品开发和营销策略提供坚实的基础。

（二）构建精准的用户画像

在大数据时代，新媒体营销的关键在于深入洞察用户的需求和心理，并激励有价值的用户积极参与、购买、反馈和分享产品。有价值用户的五大特征包括：规模庞大、持续参与、高度活跃、易于细分画像以及具有持续消费潜力。

随着网络信息的快速传播，用户在线上产生的行为数据也日益增多。通过挖掘这些数据，企业可以分析用户的特征与活动规律，从而构建出精准的"用户画像"。精准的用户画像不仅能够预测用户行为，还能够帮助企业洞悉消费者需求，准确锁定目标消费群体及其消费场景，为企业的精准营销提供有力的数据支持。

在创建用户画像的过程中，我们倾向于采用贴近日常生活的语言来描述用户的属性和行为预期。作为一款大型语言模型，所塑造的角色应当与产品相关联且符合市场需求，因此必须具备代表性。这种代表性体现在"PERSONA"七个关键要素中。

（1）P（Primary）基础性：角色是否基于真实的用户场景访谈而来；

（2）E（Empathy）共感力：角色能否引发共鸣；

（3）R（Realism）现实主义：角色是否展现出真实人物的特点；

（4）S（Specificity）特异性：角色之间是否存在显著差异，避免雷同；

（5）O（Objective）目标导向：角色是否包含与产品相关的目标，并明确了实现这些目标的关键词汇；

（6）N（Numeracy）数目化：用户角色的数量是否达到了样本数据的要求；

（7）A（Applicability）应用性：设计师能否将用户角色作为实用工具，用于指导后续的商业拓展和营销策略设计。

通过这种方式构建的用户画像，可以帮助企业在竞争激烈的市场环境中更加有效地吸引和保留目标用户。

二、内容定位

销售竞赛的胜负并不取决于生产线或市场，而在于消费者的思维之中。因此，内容定位的关键在于深入理解目标受众的思维方式，以便明确活动的主题、路径和目标。优质内容不仅应为顾客创造实际价值、满足需求、解决问题，还应助力他们在成长过程中缓解压力。简言之，内容定位的核心是回答三个问题："帮助哪些用户？""在什么场景下？""解决什么问题？"这样的内容更易被接受，并具有长期的影响力。

通过深入研究和数据分析，我们发现三类内容对各个人群皆必不可少：实用性技巧指南，传授有用的技能；心理情绪类文章，安抚心灵；与时事热点相关的报道，帮助应对信息过载压力。为实现这三个内容目标，并确保内容不偏离主题，须遵循以下步骤：

1. 明确品牌类别：确定品牌所属类别，作为决定不同主题内容比例的基础。

2. 坚持深度细分：确保每篇文章具有针对性，能直接解决特定用户群体的具体问题。

3. 选择合适的写作风格：根据品牌的个性特点选择语气、价值观和整体基调等合适的写作风格。

以此方式，我们既能创造有价值的内容，又能确保内容与品牌定位一致，从而更好地吸引和留住目标客户。

按照以上内容定位的指导标准，我们可以通过列出"用户成长所需知识"，进一步细分用户所需的内容，从而达到持续提供用户所需有价值内容的目的。

（一）数据思维指导内容定位

优秀的内容选题并不是凭空想象出来的，而爆款文章的产生也不是单靠冥思苦想就能完成的。通常，这需要经过大量的数据调研、分析和总结。运用数据思维来分析自身情况并理解用户需求，可以帮助新媒体营销人员挖掘出有价值的内容。

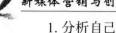

1. 分析自己

（1）对营销团队的分析

这是一个了解团队特点的过程。通过以下五个问题，我们可以深入了解团队能够做什么。

①明确提供的商品或信息：需要明确"我们"能够提供的商品或信息是什么。

②对商品和服务进行分类：对这些商品和服务进行分类处理，将相似的内容放在一起形成类别。

③确定目标人群：考虑我们的商品和服务所针对的目标人群是谁。

④定义自己的角色：确定"我们"是谁，即给团队命名和定位。

⑤复核与选择：在角色清晰后，明确团队最擅长的部分，并选择一个最擅长的方向作为目标。

例如如果团队专注于理性思考，可以提供每日60秒的音频播报和具有独特视角的世界观文章（供应内容），以"让我们每天了解更多一点"为自我定位，目标人群为寻求知识增长的用户，立足于提供高质量的数据与经营策略建议（提供的资源），助力用户在创新之路上更进一步（最终目标）。

（2）对已有账号历史数据的分析

对已有新媒体账号进行数据统计和分析，能够实现更加精准的内容定位。这个分析过程通常包含两个方面。

①分析账号的历史发文数据：通过统计账号过往的全部历史文章和视频数据，分析哪些内容类型在哪些方面取得了较好的效果，并将这些结果整理成详细的表格，便于未来的测试和优化。例如可以统计各个内容领域的点赞数、评论数、分享数、收藏数、阅读数、分享率、完读率、发布时间等信息。

②挖掘用户的真正需求：仅依赖过往的数据是不够的，还需要鼓励消费者提供更多反馈。可以通过让消费者参与到决策过程中来确定他们感兴趣的主题类别，邀请他们在评论区发表意见，利用网络问卷工具收集反馈，向社群成员提问以获取更多信息，或者与个别客户进行深度交流等方法。

对新的主题内容，我们可以通过与消费者积极互动的方法来发现他们的真实需求，并整理出一份详尽的主题列表。

2.读懂别人

读懂别人意味着寻找与自己有相同目标用户群和品牌调性的账号，通过分析这些账号进一步确定被用户认可、传播力强的新媒体选题方向。这个过程包含两个方面。

（1）选取目标账号：可以通过查看新榜、微指数等第三方平台，寻找相关行业的热门文章，接着找到对应的账号，或者直接关注这些榜单上的账号。

（2）分析选题方向

在确定了目标账号之后，我们需要对这些账号进行内容选题的分析。可以通过长期的跟踪、观察和统计分析，将传播效果好的选题以可视化的方式呈现出来。

（二）心理学原理定位高传播力内容

如何判断内容的传播力？

从认知神经科学和心理学的角度看，高传播力的内容应该是能够唤起用户情绪的内容。那些令人感到新奇、困惑、恐惧或激动的内容往往更容易获得传播。这是因为人类的大脑会对接收的信息按照优先顺序进行处理。

人的不同情绪实际上是由人体分泌的不同化学物质催生的。以下是四种重要的神经介质，它们控制了人的积极乐观、同理心、愉悦感、愤怒、紧张、恐惧等情绪。每种神经介质对应着一种高传播力的内容。

1.5-羟色胺：使人情绪高涨，积极乐观。5-羟色胺型的内容包括成功企业家的演讲、创业者的励志故事等，通常都会让人情绪高涨、正能量满满、精神振奋。

2.催产素：使人产生情感共鸣。催产素型的内容包括抚慰人心的感人故事、匠人精神、亲情、友情、爱情类的内容等。

3.多巴胺：使人产生愉悦感、满足感。多巴胺型的内容包括美好的爱情、动听的音乐，一些知识型文章也属于多巴胺型的内容，因为知识的获取和分享能够给人带来满足感。

4.肾上腺素：使人因为愤怒、恐惧、紧张而呼吸和心跳加快。肾上腺素型的内容往往能迅速调动人的情绪，如批判类文章或能引起广泛共鸣的内容。值得注意的是，这类文章的价值取向和语言措辞一定要正确严谨，否则有可能沦为操纵大众情绪的精神传销内容。

三、平台定位

用户获取信息的来源，即新媒体营销的渠道，是新媒体营销的一个重要组成部分。它不仅仅依赖于单一渠道，更是需要结合多种途径来实现营销目标。以下是几种主要的新媒体营销渠道。

（一）微信平台

目前，微信已成为最常用的社交平台之一，其每日活跃用户数量超过十亿。为了满足这一庞大的用户群体的需求，许多企业和商家选择利用微信的多种特性来开展营销活动，包括微信公众号、微信群及微信朋友圈等。

1. 微信公众号

微信公众号是一种面向大众的新媒体推广手段。企业可以利用公众号的服务号功能，展示官方网站、会员系统、消息推送等，构建线上线下互动的营销策略。自 2012 年亮相以来，微信迅速拓展，截至 2023 年，已有超过 1000 万个公众号，其中 350 万个活跃，每月平均访问量达 7.97 亿元，同比增长 19%。微信已成为许多人的社交媒体首选。随着平台壮大，大量创作者入驻，尤其是关注人数的大幅增长，微信正朝向更专业化的方向发展。企业可通过专属账号和服务器给客户发送正式信息，建立联系，同时借助赞助推广品牌或产品，实现收益。目前，微信已在在线营销、电子商务、内容付费等领域形成稳定的经营策略，并吸引了众多第三方管理机构共同发展。

微信公众号的功能定位主要可分为以下几类：

（1）客户服务类：此类公众号主要服务于以销售为主的大型企业或公共服务机构，如招商银行信用卡。关注者可以随时查看账户交易情况、进行线上支付查询，还能使用积分兑换等功能。这类公众号适用于拥有大量实体店面的连锁企业，因为它们可以为目标用户提供连续的服务和追踪。

（2）品牌宣传类：这类公众号旨在塑造企业形象，传递品牌价值观、业务进展等信息给客户或潜在客户。如"锤子"智能手机，尽管市场表现可能不佳，但其所倡导的"情感化"理念具有较强的影响力。这种品牌价值观的认同有助于吸引更多追随者，进而推动产品销售和品牌声誉提升。

（3）销售渠道拓展类：这类公众号利用微信和微信支付的便利性，构建销售或促销信息平台。例如新鲜果蔬、特色食品、保健品、护肤品等热门商品。同时，公众平台还具备管理和在线推广功能。

（4）新闻传媒类：如央视网、全球日报、第一财经杂志等，占据较大比例。它们提供实时、真实、深度的内容，成为特定领域或行业的新闻解析中心。此类公众号将电脑版或纸质版的读者引导至公众号，方便关注者获取新闻消息。

（5）个人自媒体类：涵盖各领域，如"思维""蛋解创业"和"假装在纽约"等。这些大规模个人自媒体逐步转型为公司运作模式，依靠个人魅力和优质原创文章吸引关注。此类公众号适用于公司经营，可通过自媒体形式塑造公司领导人成为"网络红人"。

以上五类公众号各具特色，为企业和个人提供丰富的运营选择。

2. 微信群

作为一种社交网络平台，微信群不仅可用于社区管理和客户服务，还能产生个人关系网的影响力。微信群的信息传递方式包括文本、图片、音频、视频、地理位置、名片及第三方应用程序等，展现出移动互联网上的独特创造力和高效性能，提高了使用频率和用户满意度。

借助微信群进行市场推广，是利用其庞大的用户基础和高活跃度这一特性来实施，包括品牌宣传、活动规划、个人形象塑造以及产品推广等多种营销策略。

微信群营销的特点及优势体现在以下方面：

（1）成本低

与耗费数百万资金的传统广告策略相比，微信群推广凭借其经济实惠和高效收益的特点吸引了众多公司的关注。对传统市场营销人员来说，关键任务是如何让更多人认识他们的商品并将潜在的消费者转化为实际买家。而在微信群里，每个成员都具备购物能力和信息传递能力，无论是"买"还是"卖"，都能够给公司带来巨大的利益。

（2）够精准

微信公众平台的角色定义在于明确告知他人此公众号的主要用途，每个微信公众号都有特定的目的和价值。这种精确性和细致度越高，就越能更有效地吸引到符合要求的受众群体。如果群内的成员发现这个群不适合他们或是与他们的期望不符，他们会选择退出；反之，那些对该群有需求并感兴趣的成员则会留下来。通过精准推广的方式，许多公司已经找到了一种有效的策略，将原本强制性的广告变成了柔性的宣传方式，由"无边际的大海"转变为了"特定的社区"，这样既降低了开销，又获得了大量的精准消费者。

（3）裂变快

裂变原理表明，微信群内的每个成员之间都有着紧密联系，像一个"鱼塘"，具有自裂变属性和社交属性。因此，营销人员可以在微信群里策划一系列的方法和方案作为"鱼饵"，将粉丝瞬间"引爆"，最后抓住时机有条不紊地扩大微信群的规模，实现数据库的快速倍增。

3. 微信朋友圈

作为熟人社交中非常有代表性的一个圈子，微信朋友圈是人们分享自己日常生活的地方。与微博这种开放式的社交平台不同，微信朋友圈具有一定的私密性，人们更愿意通过微信朋友圈去关注和了解亲朋好友的生活状态。

微信朋友圈具有以下优势与特点：

（1）私密性强，传播圈层封闭

微信的封闭性质导致了朋友圈的内容只能由其好友查看，因此传播的范围相对较小。

（2）信任度高，沟通有效性强

实际上，微信朋友圈是一个熟识的社区，其分享的意义和价值不仅在于与他人的情感互动，而且这种熟识的信任关系也为进行互惠互利的商业活动提供了良好的环境。

（3）形式多样，可扩展性好

微信朋友圈可以发布文字、图片、短视频以及链接等内容，好友通过分享就能实现引流，也可以方便地通过识别图片上的二维码来阅读更多内容。

（二）微博平台

微博是一个广播式的社交网络平台，用户可以通过关注机制分享简短、实时的信息；通过网络组建个人社区，以简短的文字公开发布信息，实现即时分享。微博也可以被视为一个基于用户关系分享、传播信息的社交平台。

在移动互联网时代，微博已经构建出一种独特的内容—粉丝—消费者—盈利模式的商业循环系统,其目标是协助企业创建自身的客户群体并开拓新的销售途径,同时不断提升与合作方的社会化营销能力。微博平台具有三个主要的内容方向。

1. 品牌推广型微博

品牌推广型微博主要目标是宣传公司品牌,以此来塑造公司的品牌形象。例如,华为中国官方微博,主要发布华为公司的重大新闻活动和新产品发布等信息,通过这些微博来传递公司的品牌形象,从而提升公司的知名度和声誉。

2. 内容互动型微博

内容互动型微博主要作用是加强企业与粉丝、用户之间的关系,从而提升企业在消费者心目中的形象。因此,这种微博主要发布关于用户关怀和企业用户导向理念的内容。

3. 业务销售型微博

简而言之,公司实施微博推广的主要目标是实现利润,因此可以把微博视为一种可以直接转化为商品或服务的工具,从而间接地给公司创造财务回报。比如,华为公司的官方微博发布了有关新品优惠的信息,将其定位成企业的售卖渠道,借助微博来推动产品的销量。

(三)问答平台

问答平台是一种集成了自然语义理解、智能搜索和自定义归类的技术工具,致力于为用户提供一个交流空间。这类平台高度重视内容,因此在搜索引擎中的排名较高,成为用户获取信息的重要渠道。近年来,主要由知乎、分答等平台引领这一领域。

(四)百科平台

百科平台是一个基于互联网的开放分类共享协议,旨在提供一个知识分享的平台。它不仅能辅助搜索引擎推广,还有助于提升企业形象。

百度推出的"百度百科"是一款互联网在线免费参考资料库和信息共享系统。自其试运行版本开始,至今已有十余年的历史。从最终定稿并公开发布的日期来看,"百度百科"也已经有近十年的发展历程。目前,其包含的内容量已突破两千万篇章节,并且仍在不断扩展。同时,数以百万计的志愿者积极参与到对文章内容的编写、维护和更新升级等各项工作,共同保障这个庞大数据库系统的正常运转。

（五）直播平台

1. 直播平台的阶段

网络直播自从诞生以来，凭借其平民化的特点，迅速吸引了众多网友的关注。其发展经历了三个阶段：

（1）直播 1.0 时代：在这一时期，网民主要通过计算机上网，网络直播从各平台推出的秀场开始兴起。

（2）直播 2.0 时代：在这一阶段，随着网络游戏的热潮，游戏直播应运而生，网络直播市场也开始进入垂直细分的时代。

（3）直播 3.0 时代：随着网络技术和智能终端设备的普及，抖音、快手、映客、花椒、一直播等新兴的移动直播平台不断涌现，移动直播逐渐兴起。此时，直播内容已经涵盖了各类网络红人、综艺节目、电商导购等，直播行业进入了广泛娱乐化的 3.0 时代。在众多网络直播平台中，各平台的定位和直播内容存在差异。企业需要根据自身产品属性，以及平台的流量、收入和运营能力，来选择合适的直播平台。

2. 直播平台的特点

（1）实时互动性

用户能够即时参与互动，使用文字互动或视频连线互动，还能发送礼物支持喜爱的主播，从而增强参与感和专注度。

（2）广泛的影响力

直播能够迅速吸引人们的注意和关心。此外，直播通过视频作为传播手段，有助于进行二次传播和市场推广。

（3）精准营销

在不同的市场领域进行的推广活动可以准确锁定目标用户。

（4）手机端视频广告

直播平台紧跟网络广告市场移动化、视频化的趋势，更加符合广告主和用户的需求。

现在，各类直播平台的内容呈现多元化趋势，不同平台之间的界限也逐渐模糊。整体来看，直播内容正朝着强互动性和专业化的方向发展，由受过专门训练的主播引领的专业用户生产内容已经成为内容制作的关键支柱。

（六）网络视频平台

（1）综合视频平台

爱奇艺、搜狐视频、优酷视频、腾讯视频、PPTV、哔哩哔哩等是主要的综合视频平台。这些品牌可以直接接触到用户，更好地与传播内容相结合，同时可以通过弹幕等方式及时获得用户反馈。

（2）短视频平台

如抖音、快手、美拍和秒拍等，其内容符合观众的思维习惯和移动设备使用方式。在视频流行化、信息媒体化以及社交视频化的趋势推动下，短视频营销已经逐渐成为新兴品牌的主要战略。

（七）在线音频平台

在线音频平台是指通过互联网技术，提供各种音频内容供用户收听、观看和下载的平台。随着互联网的快速发展，音频平台已经成为人们获取信息、娱乐和学习的重要途径。

综合音频平台是以提供丰富多样的音频内容为主，这些平台涵盖了各种类型的音频内容，包括有声书籍、网络广播、演讲节目、家庭教育、笑话评论、新闻信息和商务金融等。用户可以在这些平台上找到自己感兴趣的内容。在我国，最具代表性的综合音频平台有喜马拉雅 FM、荔枝 FM 和蜻蜓 FM。这些平台不仅提供了丰富的音频内容，还具备社交互动功能，能让用户在平台上发表评论、分享心得，与其他用户进行互动。

随着移动互联网的普及，在线音频平台的市场前景广阔。未来，音频平台将不断创新，提高内容质量，加强用户体验，以满足日益多样化的市场需求。此外，音频平台还可以与教育、娱乐、广告等产业深度融合，拓展业务领域，实现多元化发展。

第三章　新媒体营销的策划与运营

第一节　新媒体营销的策划分析

一、确定营销的参与者与目标

（一）确立营销的参与者

企业应该认识到消费者不仅仅是被动的旁观者或目标对象，而是品牌积极的参与者。企业必须以消费者为中心来组织协调用户需求，因为公司的声誉不仅仅取决于公司的时尚程度和务实性，更重要的是公司是否关心和了解消费者、是否积极与消费者互动，以及是否能充分调动消费者的参与度。

进行新媒体营销策划时，营销者首先需要明确谁是营销的参与者。从"消费者"到"参与者"的概念转变体现了营销理念的重要转变：

（1）消费者同时也是营销者：他们是企业生产的参与者，是营销信息的传播者和内容的创造者。

（2）营销参与者不仅限于目标消费者：在新媒体时代，尤其是社交媒体的兴起，消费者的消费决策受到更多因素的影响。例如某些匿名网友虽然不是产品的目标顾客，但他们对产品的评论却实实在在地影响着潜在消费者。因此，在新媒体时代，企业营销需要比以往更多地考虑到消费者之间的相互影响。

（二）明确营销的参与者

在新媒体的背景下，企业必须采用互联网思维来理解消费者的行为，取代传统的思考方式。因此，明确参与者的角色变得尤为重要。优秀的营销策略总是从消费者或顾客的视角出发，这是数字化营销的基础。

"参与者写真"是肯特·沃泰姆与伊恩·芬威克提出的一个概念，他们将其定义为包含三个关键元素的阶段：普通文件、数字化文件和个性化材料。其中，普通文件涵盖了客户的基本信息，如人口统计数据、消费习惯、生活方式、独特的言语表达，以及过往活动中的响应情况等。做好一般档案对确定数字营销的主题、内容、信息传递及启动策略都极为重要。数字化文件则是作为数字媒介使用者的信息存储库，包含他们对各种内容的偏好程度和消费模式等个人信息；而个性化材料则是基于这些信息的收集构建而成，它需要市场参与者深入理解并识别具有较高生命周期价值的潜在购买群体，以实施个性化销售策略。公司应充分利用大数据分析工具来跟踪现有网民的行为轨迹，以获取重要线索，从而提高其粉丝数量、保持忠诚度并提升经济效益。

在进行新媒体推广时，公司需要掌握以消费者为中心的理念，了解目标用户的新媒体使用习惯，掌握他们如何回应、评论和传递信息，把握他们的需求和特性，从而找出与他们交流、建立持久互动的有效策略。

（三）制定营销目标

在详细描绘了营销活动的参与者后，企业需要深入进行市场调研，并根据调研结果制定营销目标。这些目标可能包括吸引新客户、提升销售业绩、增强客户忠诚度；也可以旨在改变现有客户的认知和消费习惯，或满足尚未被满足的客户需求。同时，建立全面的客户数据库、提升客户服务品质以及提高消费者的自我认知和响应能力。例如对一家运动品牌，如果其在社交媒体上的影响力较弱，导致年轻群体对该品牌的认知有限，那么可以设定具体的营销目标，借助社交媒体平台的力量和消费者的互动来实现这些目标。

二、确定新媒体营销的商业模式

在传统经济模式下，以消费者为核心的特点反映在产品制造、定价策略、销售渠道和营销方法上，这些方面都遵循着一套成熟且固定的方法。但在新媒体时代，这种模式发生了变化，一种新的"以消费者为中心"的理念逐渐兴起。

（一）产品

资本市场和经济波动不仅受供需关系的直接影响，而且还受到消费者心理和情感因素的显著影响。个性化订制，人与人以及人与技术之间的互动可以深刻地影响客户的心理状态、情感反应和行为模式，并将这些变化转化为实际的购买行动，从而创造新的商业价值。

这种方法的实施关键在于建立三个层次的结构。首先是激发顾客积极参与到产品的创新过程中，使产品能够融入顾客的情感和个人特色。当顾客主导了设计流程时，他们实际上成为产品的共创者，这使得产品带有浓厚的个人色彩，让顾客感觉产品就像他们自己创造的一样。顾客在这种参与过程中获得的满足感和自豪感也会进一步推动他们在做出购买决策时的积极态度。

满足个人自尊心和自我价值观的需求是人们最基本的精神追求之一。为了将这些个性化需求融入商品或服务中，并提供更多的个性化选择，企业需要构建能够方便顾客参与订制过程的平台型产品或服务。例如红领公司和尚品宅配采取的方法是创建一个让用户扮演设计师角色的订制平台，这不仅为那些未曾尝试过设计师角色的人提供了体验机会，还将情感元素融入了产品和服务中。在红领公司的酷特智能服务平台上，客户可以从数百种不同的选项中选择样式、布料、工艺、颜色和组合等方面，自行设计、搭配并下单。此外，他们设计的作品还可以根据客户所在的特定城市、小区、楼栋、楼层等信息进行微调，以形成一套符合他们对色调、材质和风格偏好的设计方案。

这种商品不仅能够激发个人潜能并鼓励用户积极参与，而且它超越了功能性产品的范畴，成为承载消费者情感的"心头好"。赋予商品独特的生命力意味着它们不仅仅是有形的物品，更是具有精神内核的存在。就像绘画艺术一样，并非所有擅长绘画的人都出自专业院校；绘画是一种人类特有的交流方式，其理解和表达更多取决于个人的心境和情感。因此，商品的最优状态不在于功能，而在于其所蕴含的独特精神价值。这与马斯洛的需求层次理论相呼应，即基本需求通常体现在物质层面，而最高层次的需求则更多体现为精神追求。当商品融入了个性化的情感和灵魂时，其市场潜力将是巨大的。

通过人性化的方式让购物成为一种交互式的体验。虽然大规模订制并不排除商家在设计和生产中的作用，但它强调在整个过程中注入了人性化的元素，为商品和服务增添意想不到的价值。购物不再是一种简单的交易行为，而是人与人之间以及人与物品之间的互动。例如当专业的室内设计师帮助顾客挑选和搭配家居用品时，这种长达数小时的服务不仅提供了专业建议，还建立了信任关系，从而显著提升了顾客的满意度和购买意愿。

供给端的产品不仅是实用工具，更融入了人性化因素，创造了全新的价值主张；相应地，需求端也不再局限于价格考量，而是更看重整体体验和情感联系。

（二）定价

通过实现个性化的规模订制，消费者可以在产品的设计、制造、销售乃至管理的全过程中发挥作用，这有助于减少因消费过剩和库存积压而产生的额外成本和中介费用，并防止不当竞争。这样一来，原本高昂的产品售价可以显著降低，接近成本价。随着互联网平台营销模式的发展，消费者在购物后还能通过口碑推广获得相应的回报，这极大地激发了他们积极参与产品的开发和运营，甚至成为创业者。

在以 C2C（消费者与消费者之间的电商交易）为主导的商业环境中，消费者拥有更大的自主权，定价过程通常是公开透明的，有时甚至由消费者来确定。这种非传统的分散式结构使消费者成为新型商业环境的核心力量。而后端 C 的个性化订制则是打破这一循环的关键步骤。当前端 C 成功构建出一套创新的需求系统时，它能使普通人转变为顾客，进而发展成为设计者、推销人员、销售代理人，最终成长为忠实的连锁经营企业家，从而形成一种全新的微型商业生态链关系。

C2C 商业生态系统的前端 C 的消费者优先理念给当前的管理理论带来了新的挑战：真正的目标消费群体是谁？他们的需求又是什么呢？这些问题的答案变得越来越难以确定，原因在于随着个性化订制产品逐渐进入大众市场并不断扩大其覆盖范围，整个过程必须围绕消费者的需求展开。这种变化使得原本简单的 C2B（消费者到企业）和 C2M（消费者到制造商）的关系演变为更为复杂的多维度 C2B2M 结构，而 C2C 是这一切的基础。

在这个时代，每个人都可能成为消费者、产品设计师、商品销售者，甚至可能开启自己的事业并管理自己的生意。一旦每个人在这些方面的身份都被明确标注出来，仅依靠传统营销理论来确定目标消费者及其需求就会变得困难。因此，我们需要探索创新的方法来应对这些挑战。

（三）渠道

在传统市场环境下，产品销售路径呈现线性，依赖于中介机构构建的链条。

即便优质产品也可能无法触及市场盲区。然而，在信息时代，销售渠道如同无处不在的大网，形成了一个全方位的 O2O（线上到线下）社会化网络智能化系统，即线上线下相结合的多渠道体系。

这个多渠道系统不仅涵盖了在线互联网平台，如 Facebook、LinkedIn（领英）、微博、微信、社群论坛等，还包括移动设备应用以及某品牌实体店铺等。同时，它还覆盖了所有社交场所，如购物中心、电影院、餐厅、咖啡馆等地。

如何有效利用庞大的用户群并实现价值转化，成为衡量消费者关系的新标准。在这个体系中，企业须关注如何运用多元化渠道，以触及更多潜在市场，并充分发挥其价值。

（四）促销

网络媒介作为现代宣传的重要工具，已取代传统单一渠道，并减少信息偏差。过去依赖标语和广告吸引顾客的方式已不再适应时代，因为如今的消费者可以自主创建媒体，即所谓的自媒体。采用 C2C 商业模式的消费群体具有鲜明个性化特征和独立思考能力，根据自身标准选择商品和服务。同时，消费者和企业均可扮演媒体人和销售员角色。公众不再仅依赖商家观点了解产品信息、评论和看法，而更倾向于听取亲友建议和口碑。因此，公司和个人可构建自身自媒体，甚至发展为小型电商平台，满足对用户、粉丝及客户服务需求。

三、选择新媒体营销平台

（一）新媒体营销平台

在新媒体时代，媒体的种类和数量都有了显著的增长。因此，公司需要进行全面规划，打造出优秀的新媒体营销平台，并合理利用每一个媒体平台的能力，充分发挥其整合效应。在搭建平台的基础上，企业需要提出明确的营销主张，并将其贯穿于所有新媒体营销平台之中。平台主张应根据消费者的利益来界定，明确消费者在平台上能看到什么、拥有什么样的体验以及能够做些什么。如果企业能够清晰地回答这些问题，就能吸引消费者，并促使线上关系在线下得以发展。此外，新媒体营销平台也可以被视为品牌定位的延伸，因此平台主张应该提供明确的平台定位，用简洁明了的文字表述，阐明企业新媒体营销平台的长期发展方向。

1.为新媒体营销平台确定总体营销主张

新媒体营销平台包含多个新媒体单元，所有的新媒体单元都应该服从新媒体营销平台的总体营销主张。企业从这一总体主张出发，安排和布局平台内的所有媒体，使平台成为一个有机的整体。企业在拟定平台主张时，必须考虑以下几个关键因素。

（1）形成市场区隔

在当今激烈的市场竞争中，企业要想脱颖而出，就需要个性化发展，与竞争对手形成市场区隔，提供与众不同的服务，并树立独特的品牌形象。因此，企业必须清楚地了解这个平台的独特之处，以及为什么消费者会对此给予关注。

例如耐克在其微信公众号上设立了一个名为"Run Club（跑步俱乐部）"的社区，不仅提供运动指导，还提供社交陪伴。耐克意识到，当人们独自跑步时往往会感到孤独，他们渴望找到志同道合的伙伴一同锻炼。因此，他们乐于通过使用地理位置服务来定位那些与自己有着相同兴趣爱好的跑者，并组织线下活动或线上互动以激发他们的运动热情。

（2）考虑相关使用情境

没有消费者的参与，就没有成功的数字营销。企业如果能够将产品或服务与消费者紧密结合起来，就能够调动消费者的积极性。公司期望与顾客保持持续的互动关系时，就不能忽视顾客和产品及服务之间的联系。例如强生虽然销售的是婴幼儿产品，但其广告口号是"因爱而生"，强调成就生命的意义，这是因为观察到产品的使用情境：妈妈们关注的是如何育婴、如何呵护好宝宝。因此，强生用这句富含人文关怀的话语赢得了用户的好感。再比如某个运动品牌，考虑到90后追求独立自由、张扬个性的特性，该运动品牌的营销重点应该是生命个体，而不仅仅是运动本身。因此，其新媒体营销平台主张应该沿着这种思路来制定。

（3）提供个性化服务

在大数据的支持下，公司应该对其平台服务进行个性化和私人化处理，以此加强公司与消费者之间的联系，使公司能够更有效地管理消费者。

2.新媒体营销平台主张

在确定总体营销主张后，我们可以对其进行深入的理解和定义，并据此进行策略方案的制订。这一主张被视为公司须长期遵循的基本框架，但在业务发

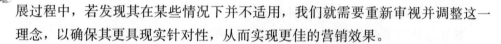

展过程中，若发现其在某些情况下并不适用，我们就需要重新审视并调整这一理念，以确保其更具现实针对性，从而实现更佳的营销效果。

（二）媒体组合

在媒介整合规划阶段，营销人员需要负责选择合适的媒体组合。他们应该从更广泛的角度考虑销售渠道，如网站、移动互联网站点、微博和个性化音乐网页等。接下来，他们要深入思考如何运用独特的创意理念，为各类媒体赋予活力，并为所有宣传素材设定合适的风格和外观，以达成预期的目标。

1. 媒体组合策略

企业在制定媒体组合策略时，需要考虑如何最大限度地接触目标受众并实现品牌传播效果。该策略的核心目标在于优化媒体组合，确保在新媒体平台上实现最佳传播效果。由于沟通渠道繁多，公司在规划媒体布局时必须明确媒体的优先级。这就要求我们专注于策划最优的媒体组合，包括确定渠道类型、比例及各渠道之间关系等。以下是制定媒体组合策略时需要关注的几个重点。

（1）参与者数字行为

洞察参与者数字行为不仅能够确定参与者偏好的媒体渠道，了解他们的数字媒体使用习惯，还能帮助营销人员排定沟通渠道的优先级，从而使媒体组合达到最优化。最优化的媒体组合有助于企业与相关消费者进行有效沟通。企业有能力全面地指导与消费者的互动，使他们在这个过程中自然地针对企业形成认识和相应的体验。

公司需要深入研究，各种新兴媒体平台如何在不同的步骤和环节中发挥各自的作用。由于商品特性各异，用户特征差异化明显，因此用户行为模式也会有所不同。例如对智能手机选购来说，通常的路径包括：查阅网上的顾客反馈→阅读相关的评论→与客服交流→分享使用者的感受；然而，购车的流程则有所不同，主要为查看网上客户意见→观察车辆博客内容→拜访汽车销售商→与销售人员进行交流→试驾汽车。类似地，购买房产和衣物的人所经历的旅程肯定不一样，而购买衣物的人所经历的旅程则相对较短。

（2）媒体衡量机制

媒体衡量机制在新媒体营销中起着至关重要的作用，它能够帮助我们深入理解参与者的行为并优化媒体组合策略。不同类型的媒体可能会为不同的用户提供不同的体验，因此，我们需要针对具体的营销目标来确定哪些渠道更具有效益。

这就涉及如何为各媒体渠道设定衡量机制等问题。企业必须明确每个媒体的目标，例如吸引潜在消费者、提升消费者忠诚度等。为达成这些目标，营销人员首先应该设定评估活动的标准，即所谓媒体评价体系。

举例而言，对车辆销售行业，他们可能会通过电话与已购车者保持联系，以提高消费者对服务的满意度并增加其忠诚度。因此，他们设定的评价指标可能包括消费者服务满意度评分或者回应购买后售前服务电话的人数等。如此，企业媒体组合计划才能真正实现优化，达成营销目标。

（3）进行媒体的选择与组合

进行媒体的选择与组合，意味着要通过对各类新媒体进行挑选和组合，构建一个理想的新媒体推广渠道。新媒体推广渠道丰富多样，企业需了解消费者的偏好，从而选择适合的营销推广渠道。为此，企业须收集大量数据，保持与消费者的紧密联系，定期追踪他们对企业信息的反馈，以便有效评估消费者的兴趣。最终，根据消费者的新媒体渠道偏好来决定选用哪些媒体作为营销推广渠道，并根据他们对信息的需求来调整传播频率。

如今，新媒体的发展为企业提供了诸如视频网站、门户网站、搜索引擎、微博、微信、论坛、贴吧、网游、APP 等多种媒体形式，各具优势和特色。企业应结合自身情况、媒体特点以及目标用户的新媒体使用习惯，挑选合适的新媒体渠道。

2. 创意概念

如同其他销售策略一样，利用新媒体推广产品也需要创新性的思维，以吸引顾客并激发他们的兴趣和好奇心。一旦公司确定了所选用的传播媒介，首要任务便是明确展示内容的主题，也就是我们常说的宣传焦点及核心创意理念。卓越的创意构思是新媒体广告主旨的核心要素。创意始终是品牌传播的灵魂。营销人员提出的创意概念应该做到以下几点。

（1）彰显品牌形象

无论采用何种新媒体形态或互动方式，新媒体传播的核心仍是品牌传播，其目标仍是提升品牌影响力和价值。无论是建立网站、微博、微信、手机网站，还是举办各类活动，新媒体营销都只是整体营销策略的一部分，须紧密围绕企业整体营销战略展开。

（2）表现形式丰富

新媒体自身的发展就源于创新，其与创意紧密相连。企业在进行新媒体营销时，同样须重视创意的发挥。企业须不断探讨自身的创新能否持续吸引用户。新媒体创新理念可以表现为幽默、感人、权威或亲民等不同风格，可根据各类新媒体的特色和优势选择合适的表现形式。例如在实施微博推广策略时，可以采用惊奇且富有趣味性的方式激发公众的好奇心。而对微信推广，应着重提供有深度的内容，凸显其内在价值或创造有趣的互动方式，以吸引更多人主动分享和参与。在搜索引擎推广中，关键词的选择是关键环节，须根据用户行为特性制订合适的关键词计划。

四、制定新媒体营销内容策略

在各个媒体平台上，内容始终是核心。因此，内容规划至关重要。

（一）官方内容策略规划

为确保真实性，公司应谨慎评估自身制作内容的能力以及合作伙伴能否提供有益的素材。公司的内容策划目标是深入研究所有可利用的资源，例如了解哪些资源可用，来源何处，如何保持新鲜度，以及如何制定出能吸引用户参与的内容策略。

1.规划官方内容

官方内容规划即确定符合平台定位的各种内容类型。在策划阶段，只须勾勒出内容的基本框架。但在实际执行阶段，企业需要进一步针对特定内容进行规划，并详细设计更多具体内容。以下是企业在规划官方内容时须考虑的几个方面。

（1）规划内容彰显平台主张

在如今数字技术飞速发展的时代，网站所能承载的信息量越来越大。然而，仅仅通过填充大量信息来丰富网站内容，不仅会让平台显得混乱无章，也无法有效传达平台的主张。因此，合理规划网站内容至关重要，以便更好地传播新媒体平台的营销主张。无论是以文字形式还是视频方式，内容呈现必须保持新鲜有趣，充分展示营销主张的独特魅力。

（2）优化内容提升用户体验

当信息成为生活环境的一部分时，如何抓住并留住消费者就成为营销者关心并思考的问题。新媒体营销平台内容可以形式多样，但要使参与者满意且愿意持续回访，就应该根据消费者的内在需求优化内容，使其能够轻松地在平台上找到自己所需所爱。作为中国领先的音乐网站，百度音乐致力于向广大听众提供大量优质且合法的音频内容，包括最新和最具影响力的音乐排行榜、快速更新的新歌发布、与用户需求高度匹配的专题播放列表，以及以人为本的歌曲查找方式，使其能够迅速找到自己喜欢的音乐。此外，该平台还提供了丰富的类别划分，如情感类（包含爱情、红色革命等）、动感十足、自然之声、经典老歌、欧美国际流行、互联网热门作品、民间艺术、儿童歌曲、回忆往事、激励人心、热情洋溢、古典乐器演奏、舞蹈健身、钢琴独奏、男女二重唱、无词或有词背景音乐等。通过用户的搜索痕迹，可以看出哪些内容成功引起了用户的兴趣，这样便可以进一步优化内容。

（3）内容展示形式应灵活多变

内容展示形式应根据具体情况选择静态、动态或动静结合的方式。产品描述一般采用静态展示，新闻信息传递则适合用动态方式呈现。有些内容须同时具备动态和静态特点，如基础医疗资讯，虽然不需要每日更新，但最新研究成果出现时必须及时推送。许多网站根据用户个性化需求或角色差异实时展示不同内容，以保持平台新鲜感，防止用户流失。

在新媒体营销环境下，消费者对内容要求较高，确保内容来源可靠至关重要。内容来源包括企业自身、政府部门、学术团体、私人基金会、特定领域的专家及无竞争关系的公司等。若须第三方提供平台内容，应确保来源稳定且内容具有可信度。在引用内容时，企业须发布免责声明和法律保障声明，并密切关注是否有人未经许可擅自"借用"内容。将媒体内容或数据库信息打通是一种高效的内容管理方式。简言之，所有新媒体和传统媒体均通过同一来源获取最新信息，只须更新一个数据库，便可轻松管理大量内容。

2.展开内容规划

内容规划就如同蓝图，当企业将数字营销计划付诸实施时，就应参考这份内容规划，如设计企业的网站、开发广告游戏、开展微博和微信公众号等工作。企业应在大的内容框架之下，对新媒体营销平台内的每一个具体媒体进行详细、深入的内容规划。

（二）消费者自创内容规划

对消费者自创内容进行规划，是新媒体营销最具特色的一部分。毕竟，消费者自创内容是在新媒体营销时代才出现的新课题。新媒体营销时代是一个由企业和消费者共同创造品牌的时代。

当购物成为社交话题时，消费者客观上会触发和引导更多参与者与营销者之间的互动。在新媒体营销时代，消费者分享购物体验和产品评论都会影响品牌的口碑。换句话说，企业的未来取决于消费者在社交网络上分享的内容。因此，营销者的角色在于如何奖励和鼓励消费者创造与品牌相关的内容，尊重消费者，发挥消费者的创造力。

1. 规划消费者自创内容

通过各种数字媒体平台，消费者可以创造出多样化的内容。然而，营销人员可以利用各种工具和推广策略来激发消费者的参与度，并根据平台的理念设定主题，使消费者成为创新者和参与者。以下是规划消费者自创内容时应考虑的关键点。

（1）体现平台营销主张

企业应确保策划的各个环节紧扣平台理念，引导消费者创造与品牌相关的内容。公司可以通过参与社交网络了解消费者需求，追踪并识别各种接触点，有针对性地向消费者推荐企业价值，确保新媒体营销的顺利进行。

（2）营造分享环境

企业应充分利用数字媒体渠道接触消费者，发展相关网络，打造良好的社交生态环境。为实现这一目标，企业不仅要提供一个简单的视频上传系统，以鼓励参与者轻松分享视频，还要提供更多复杂的工具，与消费者深度互动。

企业应营造一个易于分享的环境，让参与者创作的内容更容易被传播。为企业提供一个能让消费者相互分享的空间，让"病毒式"传播得以广泛传播，实现营销价值的最大化。

（3）建立激励机制

为最大限度地调动消费者积极性，企业还须开展适当的激励和推广活动。尽管在网络平台上发布实用工具，但无法确保消费者会积极使用。

企业可以从消费者自创内容中了解消费者想法。在新产品推出前，企业可利用数字营销平台收集消费者对产品特征的意见，建立激励机制，鼓励他们分享图片和看法。这些意见对企业具有很高的洞察力和实用性。

2. 开展消费者自创内容规划

消费者自创内容规划是企业营销策略中一项精心策划和预先准备的工作。为了实现最大的利益并保证消费者的接受度，企业需要事先设计出一套既有利于自身又能为消费者所喜爱的传播内容。这包括充分利用各类线上线下媒体平台，打造互动环节和桥段，为消费者提供参与渠道，营造分享的氛围和环境。同时，企业还须设定必要的激励措施，以激发消费者对营销活动的积极参与度，让他们在创造内容的过程中享受到非凡的体验。

在明确基本策略后，营销者需要对消费者可能遇到的各种情况进行详细分析。针对不同人群和情境，精心设计相应的内容，并预备应对突发状况的措施和方案。这样一来，企业便能更好地引导和促进消费者参与，借助消费者自创内容传递更多价值。

五、营销计划的实施与监控

（一）营销计划的实施

提高网站的知名度与影响力是营销计划顺利实施的必要条件。在这个消费者自主创作内容的时代，建立知名度的基础是通过直接与参与者交流信息，激励他们访问品牌网站以获取更多信息，并鼓励他们转发和评论，与更多人分享。在信息传递过程中应注意的问题包括以下几个方面。

1. 尊重参与者自主意愿

在消费者主导的市场环境中，专制是无法生存的。企业须了解消费者的渴望与需求，运用数字化科技打造个性化信息，不仅要在市场中与竞争对手区分开来，还要赢得消费者的喜爱。这有助于吸引更多人自愿参与各种创新活动。

2. 快速传播响应

新媒体时代，信息传播范围和速度得到了极大提升。一些信息一经发布，便能快速传播。因此，营销者须具备快速响应的能力。在每个人都是自媒体的时代，采用传统渠道管理方式应对网络讨论是行不通的。若企业想要影响一个

新闻事件，必须在大众开始讨论时迅速跟进。

3. 沟通语言生动

当前，企业高度重视与消费者的互动交流。在直接与消费者对话时，语言表达的重要性不言而喻。消费者关注的不只是企业所传达的内容，还有企业如何传递信息。在虚拟世界里，网络流行词汇和表达方式不断变化。例如当前流行的叠词加尾词"哒"，给人一种萌萌的感觉。若企业沟通语气过于正式，可能会引起消费者反感，甚至对品牌产生负面影响。因此，保持坦诚、接地气的沟通语气至关重要。

4. 信息透明公开

新媒体特性决定了其信息透明公开的特点。企业选择新媒体作为信息传播平台，表明企业愿意与消费者分享信息，展现出诚信形象。当企业面临公关危机时，消费者期望企业能够真诚面对，而非掩饰。保持信息透明公开，是建立企业与消费者信任的关键。

（二）营销计划的监控

监控营销计划有助于企业实时了解市场动态、识别问题，从而及时调整策略。新媒体为营销计划的监控提供了更多手段和条件。

1. 营销计划的引导

在数字化媒体环境下，企业不仅需要通过电子设备向公众传递信息，更要迅速适应热点议题，尝试对其产生影响力；采用大众易于理解且亲切的语言风格，使品牌自然地融入互联网交流，并在与客户的互动过程中逐步提升企业声誉，加强正面品牌形象。

企业沟通策略除网站外，企业还可借助微博、微信公众号、手机终端等新媒体与消费者保持联系，随时分享信息、进行沟通交流。在与消费者互动时，须保持坦诚的态度，澄清谣言或不准确的信息，表达公司在争议中的观点，从而塑造企业文化，提升品牌形象。

2. 营销计划的监管

在执行数字营销计划时，企业必须关注消费者创造的内容，并引导和回应消费者的言论。毕竟，消费者自创内容虽然可以在企业的规划、创造和引导下进行，但仍可能出现意想不到的情况和结果，因此企业的监管和应对至关重要。

例如企业必须确保消费者创造的内容不粗俗、不违法、不过于政治化。

企业的监管内容包括：消费者参与的程度上限、实际参与情况是否与预期相差较大、活动成果的好坏，以及哪些促销或激励措施导致了最佳或最差的参与情况。通过研究参与者分享的信息，可以进一步调整和优化原有的内容规划。

3. 危机处理计划

在企业的运营过程中，难免会遇到各种意外情况，若处理不当，不仅会损害企业的声誉和口碑，还可能威胁到企业的生存和发展。因此，为预防和解决可能破坏组织公众形象的问题，并将问题转化为机遇，制定并执行危机处理策略已成为现代企业管理的重要任务。制订危机应对方案时，须研究公司所处的潜在危险环境，审查可能对公司及其品牌产生影响的问题或事件，分析这些问题或事件与公司生存、发展及利益之间的关联，以及它们对社会可能产生的潜在影响。

第二节　新媒体营销的运营策略

一、营销分析阶段的运营策略

（一）价值识别

在互联网时代的新媒体营销中，客观资源的优势已经不再突出，用户的需求变得越来越复杂化和个性化。因此，新媒体营销不应仅仅局限于传递营销信息，更应该努力满足目标受众的实际需求，更精准地将产品信息传递给目标用户，从而实现企业效益和竞争力的可持续发展。因此，分析用户需求、识别用户价值是展开新媒体营销的第一步，其关键在于识别用户的不同需求。

在市场推广研究中，我们将客户利益影响因素划分为三个方面：商品属性、售后服务和感受品质。商品属性指消费者对产品的直观理解和实际收益；售后服务是消费者获得的不易察觉但实实在在的益处；感受品质则是消费者在持有、使用或购买过程中，内心的心理需求得到满足后产生的愉悦感。这些因素均包含了科特勒提出的顾客价值类别中的个人价值。由于公司职员主要通过提

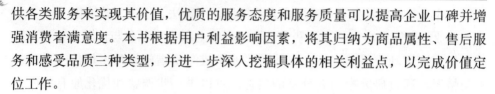

供各类服务来实现其价值，优质的服务态度和服务质量可以提高企业口碑并增强消费者满意度。本书根据用户利益影响因素，将其归纳为商品属性、售后服务和感受品质三种类型，并进一步深入挖掘具体的相关利益点，以完成价值定位工作。

1. 产品价值

产品价值是指消费者从产品本身所获得的价值，主要用于满足他们对产品基础功能的需求。产品是顾客价值的载体，在大多数情况下，消费者所感知到的价值主要来源于产品自身。根据属性的不同，我们可以将产品价值分为性能、质量、外观和价格四类。

（1）性能

性能指的是产品所具备的功能属性，如舒适性、安全性等。

（2）质量

产品质量是产品的核心价值，这意味着消费者在购买商品时，关注的是产品出现故障或需要维修的频率和严重性，以及这对他们日常使用的影响。

（3）外观

外观指的是产品的外在表现，如规格、款式、包装、颜色、品牌等。

（4）价格

价格是消费者在购买过程中非常关注的要素之一，也是产品的重要属性之一。

2. 服务价值

服务价值是消费者在选择、购买和使用产品过程中，从企业获得的支持和帮助所感知到的价值。如今，消费者在购买商品时，不仅关注商品本身的价值，更看重商品附加价值的大小。企业提供的额外服务越全面，产品的额外价值就越高，消费者从中获得的实际收益也会相应增加，进而提高他们的总购物价格。优秀的服务能更好地满足消费者的安全、归属和尊重等需求。服务价值可分为静态服务和动态服务两类。

静态服务是指消费者通过感官如触觉、视觉和听觉等感知的内容，如店铺设计风格、背景音乐和员工形象等。

动态服务则是指消费者在与企业互动中所体验到的服务，包括售前咨询、使用服务以及售后反馈等环节。产品的易用性、可靠性，以及员工的专业技能等因素，都会影响消费者对服务质量的认知。

3. 体验价值

公司通过提供服务和产品，为购买过程注入许多个性化、生动且充满关怀的体验元素。这不仅打造了令人难忘的活动，还影响了产品推广的力度和广度。体验价值是指顾客在体验公司产品和服务中精神需求被满足的过程。顾客往往愿意为这种有价值的体验支付高于产品和服务本身的价格。根据满足精神需求的主要方面，体验价值可以分为社交需求价值、尊重需求价值和自我实现需求价值。

（1）社交需求价值

在消费过程中，个人体验到的归属感和关爱精神层面的价值。例如人们在周末或节假日会选择与亲朋好友一起出游，这种消费活动不仅包括交通、餐饮、住宿等费用，还包括景区门票等。然而，这种消费的目的并非仅仅是为了到达某个地方、满足基本生活需求或找到住处，更重要的是实现人与人之间的情感连接，如家庭成员间的亲密关系或友情的维系。

（2）尊重需求价值

顾客通过购买活动实现自尊感、声誉和社会身份等精神层面的需求价值。当基本生活需求和关爱需求得到满足后，人们会期望获得一定程度的社会地位和公众认可，以满足自尊需求。这种自尊感的满足可以通过购物体验实现，如选择高端品牌服装、佩戴著名品牌腕表、使用奢华电子设备或驾驶豪华汽车等。这些行为都在很大程度上反映了个人对自尊的需求，这也是许多人愿意为高端商品付出昂贵费用的原因。

（3）自我实现需求价值

消费者通过购物行为实现个人成长和完成内心渴望。与社交需求和社会尊重需求注重他人观点、寻求他人认可不同，自我实现需求主要关注满足个人内在需求，是一种自我挑战。

（二）用户画像

被称为"互动设计创始人"的早期研究者阿兰·库珀首次提出了"用户画像"这一概念。他认为，用户画像是基于实际用户的信息资料构建出的虚构形象，通过分析这些信息的特性来揭示其主要特点，并为他们贴上特定的标识符号，最终形成针对特定群体的目标人物模式。在当前激烈的市场竞争中，随着产品可替代性的增加和营销干扰因素的增多，以及用户行为轨迹更容易被捕捉，为企业精准提供"点对点"的信息变得尤为重要，用户资源也逐渐成为企业关注的焦点。

在营销分析阶段，了解消费者需求后，企业需要运用大数据技术捕捉和分析用户数据，构建用户画像，进一步细分目标用户，深入了解他们的差异化特质和潜在需求，为价值定位提供精确支持。构建有效的用户画像须解决两个问题：一是选择简洁高效的特征模型，客观地展现用户价值；二是选择合适的模型构建用户画像。

1. 获取用户数据源

获取目标用户的原始数据是勾勒用户画像的基础。用户数据可分为动态数据和静态数据。静态数据包括个人基本信息（如姓名、年龄、性别、职业、手机号等），这些信息相对固定，短期内不会频繁变动。动态数据是指用户行为数据，即浏览网站时的行为轨迹（如搜索、浏览、点击等），它动态地展示了每个独立用户的行为。

企业可以借助产品表面和内部资料、互联网爬虫工具、第三方大数据分析、企业研究报告、客户访问记录等方式收集信息。然后选择合适的存储系统存放收集到的数据，并将它们整合成文件后储存在用户画像库中。

2. 数据预处理

现实环境中获取的信息源通常具有复杂性和大量性，可能导致信息丢失、噪音或不一致的情况。同时，某些算法对特定类型的数据有特定需求。因此，企业须对抓取到的"脏数据"进行预处理和标准化，使其各项指标达到相同的数据级别，以便更好地进行分析。

3. 构建用户标签体系

创建用户的标记系统，即对获取的数据进行分类处理，利用基本特性、社交特质、日常行为和生活方式等信息，提炼出虚构用户的全面形象，为他们打上"标签"，呈现个性化图像内容，这是用户画像的核心部分。

标签是由人类精心设计的具有高级、简洁特性的标志，具有语言表达性和文字简短的特点。语言表达性使标签具有一定的意义，易于被使用者解读；简短性质使标签无须过多文本解析或其他预处理步骤，便于计算机识别和聚集信息。在对数据进行预处理后，企业可以将静态和动态数据分类，从中抽取能概括用户某种特征或属性的标签（如"宠物主人""宅男"等），将这些标签分为相对稳定的用户属性标签（人口属性、人格属性）和受环境影响而变化的用户行为标签（行为特征），进而形成用户画像的 2D 静态标签模型和 3D 动态标签模型。

二、营销设计阶段的运营策略

（一）价值定位

在制定营销策略的过程中，必须基于营销研究的结果来设定产品价值，并通过比较竞争对手的客户价值驱动力因素，明确出那些具备关键战略意义的消费者价值元素（消费者认为与竞争对手不同的、有吸引力的价值点）。这样可以提升公司的竞争力，扩大市场的潜在领域。

1. 价值要素识别

识别是定位的前提，在价值要素识别阶段，可将用户价值分为产品价值、服务价值、体验价值三类。在此基础上展开价值定位，从产品的价值到服务的价值，再到体验的价值，这是一个由具体到抽象的过程，同时也是由实物感知到心理体验的过程。

2. 竞争者价值要素对比分析

通过构建用户画像确定目标用户的同时，竞争者也就基本确定了。基于公司自身客户利益驱动的因素，我们需要进一步研究对手的客户利益驱动力，以实现比较和识别，并强调客户利益定位中的竞争力特点。对于竞争对手的研究关键点是辨别哪些价值驱动力与我们公司的相符，哪些有区别以及这些区别产生的原因，即确认其独特性和一致性。这有助于公司找到市场的空缺，作为可以考虑的选择元素。

3. 确定具有战略重要性的价值要素

在商业活动中，由于受到公司自身的资源、能力和客户购买力的限制，我们无法在所有价值驱动的元素上都达到极致。通常会做出权衡，并根据它们对顾客价值创造与满足的重要性来决定优先级，挑选出最关键的几项价值驱动因子用于产品的研发，以期在这几部分为客户带来卓越的体验。因此，识别那些具备战略意义的顾客价值驱动因子成为公司的核心价值观所在，同时也是其竞争优势的基础。

关键在于设定评估战略核心用户价值驱动的准则，这包括明确评判标准的定义。公司必须界定其对价值因素"重要性"的评价方式，同时比较自身的和对手的价值驱动因素，找出目标客户重视且与竞品有区别的关键元素。这些元素应被视为产品研发过程中确立定位的核心依据。

4.进行价值定位

在确认了具有战略意义的用户价值驱动因素之后，企业需要对这些关键价值元素进行定位。在定位过程中，应遵循以下原则。

（1）产品价值元素的定位

产品的价值取决于其带来的收益与成本之间的比例。这个比例并非一成不变，而是随着消费者的特定需求和环境变化而变化。在新型媒体营销中，产品不仅包括传统意义上的实物商品，还包括内容和服务等非物质产品。换言之，产品价值在于满足消费者需求的同时，实现企业收益与成本的优化。基于产品价值进行定位时要符合以下原则：

①精确性：为确保定位的精准，企业须深入理解目标用户并准确描绘其需求，以明确消费者的核心需求。产品定位应紧贴消费者最关心的利益点，在消费者心中产生强烈的共鸣。

②适应性：产品定位须与企业整体战略和实际能力相契合，确保定位策略能有效执行并助力企业长远发展。

③特色性：为在市场竞争中独树一帜，产品定位应凸显其独特优势或特性，即寻找与竞争对手的明显差异点，从而吸引消费者关注并激发购买欲望。

④一致性：产品定位是一个持续过程，企业须保持定位信息的连贯与一致，以塑造稳定的品牌形象。避免频繁调整定位，以免混淆消费者对品牌的认知。

⑤活力性：鉴于市场环境和消费者喜好的不断变化，企业须定期评估和调整产品定位，确保产品或品牌持续适应市场需求，保持竞争力和活力。

（2）服务价值要素的定位

在服务价值要素的定位上，企业需要着重关注以下几个关键点：

①便利性：提高服务的易用性和响应速度，以增强客户体验。在当今社会，时间和效率至关重要，因此，简化流程和保证快速响应的服务能够显著提升客

户感知价值。

②专业素养：公司的专业技术实力和服务质量是获取客户信任的关键。当客户遇到问题时，能够迅速妥善解决，不仅有助于巩固客户信心，也有利于提升公司品牌形象，促进客户再次购买和口碑传播。

③亲切度：服务人员的态度和行为对客户感知至关重要。在快节奏的现代生活环境中，友好且贴心的服务体验能够深化客户情感连接，提高客户忠诚度，并通过口碑传播吸引更多潜在客户。

在新媒体时代背景下，企业须关注如何将动态服务与静态服务相结合，打造沉浸式营销环境和服务体验，以确保客户享受到高品质服务。这种结合不仅能提升客户满意度，还有助于企业更好地满足客户需求，保持竞争优势。

（3）体验价值要素的定位

在"体验经济"时代，消费者对产品或服务的体验感受直接影响他们是否会持续使用，进而影响消费者的忠诚度。消费者的体验感受是由其个人经历和环境共同决定的，来源于他们的主观感受，受其在交互过程中的期望和实际获得结果的影响。这种体验感受对消费者的决策有重大影响：若结果符合期望，消费者会感到满意并对产品或服务产生积极看法；反之，则可能感到失望；而当体验感受超过预期时，消费者会产生惊喜或愉悦的情感。

体验价值是服务价值的进一步提升，服务价值体现在消费者对服务质量的感知上，而体验价值则体现在消费者精神层面的需求满足程度上。因此，在定位体验价值要素时，应以消费者为中心，关注如何满足消费者的内在精神需求，并考虑通过何种手段和途径来实现体验价值的定位。

（二）组合设计

在新媒体时代，产品和传统意义上的产品相比，呈现出更为多样化和多元化的特点。因此，传统的营销策略已经不能完全适应新的市场环境。针对这种情况，本书以价值层面为出发点，参考价值管理循环中的创造价值、衡量价值、沟通价值、传递价值四个环节，构建了一套适应新媒体营销场景的 4M 营销组合策略。这一策略中的价值模块、盈利模式、营销策略和传播工具分别对应了创造价值、衡量价值、沟通价值和传递价值这四个环节。

1. 价值模块

在新媒体营销中，构建营销策略的首要步骤是确定提供给消费者的产品具备何种价值。根据价值定位，如何赋予产品价值并推出相应产品以满足消费者需求，成为开展营销的基础。

（1）核心价值

核心价值是消费者通过购买产品所能获得的真实收益或利益，这是产品不可或缺的基本特性。例如消费者购买手机主要是为了满足基本的通信需求，因此，通信功能就构成了手机的核心价值。

（2）展示价值

展示价值是指产品的基本形态和功能，如质量、性能、外观、包装等，这是价值模块中最直观、最直接的部分。例如手机的型号、尺寸、性能等特征就构成了其展示价值。

（3）期望价值

期望价值是指消费者在购买产品时所期望得到的一系列属性和条件，它是基于消费者的认知、互动交流以及过往经验形成的期望。期望价值是在展示价值基础上的进一步提升，反映了消费者对产品达到的水平或状态的期望。例如虽然手机像素的具体参数属于展示价值，但不同消费者对拍照功能有不同的心理预期，对像素的期望价值会有所不同。

（4）附加价值

附加价值是指产品基本价值之外的额外服务和利益，它可以超越消费者的期望价值，为企业带来竞争优势。附加价值主要体现在服务上，如购买手机时提供的咨询服务、分期付款选项、延长保修服务等。

（5）潜在价值

潜在价值是指产品通过改进和提升附加价值以及新增加价值，实现产品升级或新产品的开发。潜在价值关注的不仅是满足消费者期望的价值，更是能带给消费者"意想不到的惊喜"的价值。企业通过不断提升潜在价值，以满足消费者日益提高的期望，进而开发出新的产品。

2. 变现模式

（1）内容变现

在新媒体时代，内容作为核心竞争力，其价值不容忽视。随着互联网的普及和技术的多样化，信息爆炸成为常态，消费者的注意力变得极为宝贵。在这种环境下，如何从海量信息中筛选出有价值的内容，对消费者来说是一项挑战。同时，许多平台采用用户生成内容的模式，虽然降低了参与门槛，丰富了内容类型，但也可能导致优质内容短缺和用户审美疲劳。在这种背景下，提供高质量的内容成为吸引用户注意力的关键，也是企业实现盈利的基础。借助优质内容实现盈利是最常见的商业模式之一。内容变现的几种模式如下：

①内容订阅

内容订阅模式是指消费者为了获取特定信息或内容而进行付费订阅。这种模式通常具有一定的强制性，例如用户需要付费下载文档或付费观看视频等。

②增值服务

增值服务模式采用"免费＋付费"的混合策略。基础服务免费提供，但用户可以通过支付额外费用来享受更多的高级功能或特殊服务，从而实现盈利。

③付费打赏

付费打赏模式允许消费者自愿地向创作者赠送虚拟礼物或直接给予经济支持。这种模式更依赖于用户的主动性和对创作者的欣赏程度来实现盈利。

（2）电商变现

电商变现方式是指电商企业与新媒体平台联手，借助新媒体平台为电商企业带来流量，从而实现盈利。这种"新媒体＋电商"的结合成为新媒体商业化的关键途径之一。

电商企业携手新媒体平台能助其有效引导大量流量至网站，同时利用社交媒体网络加强粉丝销售和内容推广，进而优化用户体验并提升产品销售额。以腾讯投资京东为例，后者在微信中开设了专属引流入口，用户可在微信"发现"页面轻松找到"购物"选项，直接进入京东在线购物界面。对企业而言，电商成熟的支付和物流系统可弥补线上线下营销短板，将用户流量导入电商平台有助于企业更高效地实现流量变现。

（3）社群变现

在移动互联网时代，人成为核心，人际互动和物品连接创造了无数的"关联"，这些关联成为推动商业活动的重要力量，也推动了社区经济的发展。社区经济以人际关系为基础，构建了一种新的经济学模式。

社群变现就是针对有共同兴趣和价值观的社群用户提供所需产品或服务，

以满足他们的需求，从而实现盈利。同时，通过社群内部的互动、沟通和交流，获取对企业有价值的反馈，实现增值。

与传统流媒体侧重于"数量"的盈利方式不同，社群盈利更看重"质量"。随着用户群体向社交网络化发展，基于情感的社群架构更为稳定。共同的兴趣爱好、情感需求和价值观使社群成员拥有相同的世界观，从而提高了忠诚度。

通过建立人际关系，社群形成了多元化的、双向互动的、协作创新的自我运行体系。这种体系由于持续的交流、共同的行为准则和价值观，能够创造持久且源源不断的商业价值。

（4）协同收益

协同收益模式是指新媒体与传统媒体携手合作，共同发展的趋势。新媒体拥有庞大的用户群体，其用户流量已经超过了传统媒体；而传统媒体在内容创作方面有着丰富的经验。通过新媒体的强大平台，两者可以实现优势互补。

在新媒体和传统媒体的各种形态之间，协作关系日益明显。这种协作包括互联网内容与传统电视内容的融合，以及纸质图书与在线媒介的互动。

（5）品牌变现

品牌变现的方式之一是打造品牌 IP，这是基于热门知识产权如文学、电子游戏、动画、电影和电视剧的衍生产品，形成的所谓的 IP 经济。虽然这种形式和粉丝经济中的名人效应有一定关联，但主要还是通过独特且富有创意的内容来吸引观众。

企业通过挖掘 IP 的潜力，打造符合自身形象的品牌 IP，并进行多元化的产品开发，从而创造额外的价值并获取利润。新媒体平台为企业的品牌塑造提供了良好的机会，通过发布高质量的内容和实施多元化的营销策略，企业能够扩大品牌的影响力，吸引更多的流量。这样，企业不仅能够吸引风险投资，还可以进行更广泛的品牌扩张，最终通过提升品牌价值来实现盈利目标。

三、营销执行阶段的运营策略

（一）引导流量至平台

伴随着互联网科技的持续发展，流量的重要性日益凸显，企业竞争的核心在于如何有效地运用新媒体平台，吸引并增加用户流量。

1. 内容引流

（1）广告引导流量

网站广告作为网络广告的最初形式，具备连接性和互动性。用户点击广告时，会被引导至广告策划者设定的页面，获取更多信息并立即做出回应。在新媒体营销策略中，广告引导流量是指运用文字、图像、动画、视频等元素构成的创新内容，通过按钮、横幅、弹窗等形式的广告来吸引用户关注。在用户浏览网页时，这些广告通过激发好奇心或引起兴趣，促使用户点击，进而将他们引导至预设的目标页面。每一次成功的点击对广告策划者来说都意味着一次有效的流量引导。

同时，广告在页面中的位置对营销效果也有很大影响。一个合适的广告位置不仅能提升品牌曝光度，还能为网站或商店带来大量流量。反之，如果广告放置在影响用户体验的位置（如遮挡关键信息的区域），可能会降低效果甚至引起用户反感。因此，在规划广告引导流量时，除了关注内容质量外，还须考虑投放平台的选择、展示位置以及呈现形式等因素。例如在微博等社交平台上，可以通过在用户关注的信息流中穿插广告来为企业引导流量。

（2）推送引流

推送引流主要包括社交平台、电子邮件、短信等形式。推送引流最大的特点就是运营者可以主动向用户进行营销推广，并且推荐方法比较灵活。一方面，可以利用自身用户数据库通过电子邮件、短信或者 App 完成推送。另一方面，也可以通过在新媒体平台上发布营销信息完成推送，因而相较于广告引流的成本更低。

社交平台是目前最受欢迎的推送方式，可利用微信、微博、QQ 等社交媒体进行内容推送。在这个移动社交的时代里，由于移动网络技术的进步与智能手机设备的大众化，社交平台已经成为互联网上最受欢迎的信息载体之一。它以庞大的用户基础、快速的信息传递及强大的交互能力为特征，逐渐发展成网络资讯传输的主要推动力。而社交平台的核心任务是激发更多的用户分享文章，提升信息的可见度，并根据反馈来改进内容质量。

邮件推广主要通过清单、新闻通信和电子杂志等形式展开，并携带大量的广告及链接信息。用户一旦对邮件内容产生兴趣，便会被引导进一步阅读。邮件本身具备友好性、创新性、简洁性以及便捷的退订选项等特点，这些都能有效促进用户的积极互动，进而增加相关链接的点击率，实现流量的导入。然而，随着新媒体平台的不断涌现以及社交媒体时代的来临，电子邮件在很大程度上已被用户用于工作和学习，而非日常的信息获取渠道。因此，相较于其他引流手段，电子邮件营销的效果正逐渐降低，目前企业在引流策略中较少采用电子邮件这一方式。

短信是随着移动智能手机的出现而兴起的引流新手段。尽管短消息的信息内容受限，并且仅以"文字＋链接"的方式呈现，但相较于电子邮件，移动网络的进步使得用户有更多的零散时间及场合可供使用，这让短消息的可见度提升了许多，更加适应移动网络时代的消费者生活方式和消费行为，有助于实现转换。在新媒体营销中，企业在通过"用户画像"获取用户基本信息后，可以将营销信息编辑成短信发送给用户，增加曝光量，吸引用户点击。

（3）社群引流

网络社群引流，是指利用各类在线平台如百度贴吧、天涯论坛、小红书等社交网站，以及微信、QQ、陌陌等即时通讯软件来进行引流的一种方式。

网络社群是一群拥有共同兴趣爱好和需求的用户，通过群聊、论坛、贴吧等形式组成的一个网络社群，社群内的成员可以相互沟通、交流、分享信息。首先，社群的精细化定位有助于增强用户导向性，因此利用社群导入流量能使公司品牌的商品信息和目标消费者更加准确无误地对接，从而提高转换效率。其次，这种社群具备高度互动的特点，其内部成员间的信任度较高，有利于口碑推广的产生。如今的消费者更多的是有了购买意愿之后，再去对应社区通过提问方式与他人交流，听取他人的分享，这就体现了网络社区巨大的引流价值，企业可以巧妙利用网络社区的分享交流、口碑传播，取得引流的效果。

即时通信应用具有实时互动性，企业与用户互动比较常用的即时通信是微信，通过粉丝群聊天、公众号的后台回复功能、微信推文下方的评论功能等与用户进行实时沟通，回答用户的问题以及接收用户的反馈，通过具有亲和力的语言和高效的处理方法拉近与用户的距离，以良好的品牌形象吸引潜在用户，从而为企业增大流量。

2. 技术引流

（1）搜索引擎引流

早期的互联网搜索引擎主要通过超链接技术来连接不同的文档信息，以此实现流量的引导。每当用户发起搜索请求，系统就会基于这项技术，自动地将他们导向相关的目标文件，这一过程被称为"自发式导入"，其特点在于操作的直观性、用户的自主性和技术的应用性。随着关键词搜索、智能检索和个性化推荐等更先进的技术和方法的兴起，搜索引擎的导流机制变得更加复杂多元。

现如今的搜索引擎利用人工智能技术逐渐构建更为完善的结构和生态，实现信息从"被动传递"给用户到"智能推送"营销信息的基因变革。搜索引擎由最初真实信息之间的对应连接转变成与关键词相关信息的智能推荐，使企业利用搜索引擎进行关键词引流成为可能。此外，用户出于自身需求利用搜索引擎搜索产品信息时，即使有时并非具有明确的购买意向，但是通过搜索透露出了其兴趣，可能成为企业的潜在用户，因而把握好搜索引擎带来的高品质流量，可以提高企业的引流效果。

（2）二维码引流

二维码引流是一种利用二维码作为关键媒介来连接线上线下资源的营销策略，在这一过程中二维码起着核心作用。二维码，即 Quick Response Code，是由一系列按照特定规则排列的黑白色块组成的图形，用于存储数据和信息。其优势在于能够承载大量的信息、具有高度的安全性和广泛的编码适用范围，同时还能确保解码的准确性、强大的错误纠正能力和低廉的成本。随着移动互联网和智能移动终端的发展，二维码已经成为连接线上和线下的一种重要渠道，作为吸引和会聚消费者的有效引流工具。

伴随着移动网络持续进步和生活步伐日益加速，人们的资讯收集方式已经转变为"碎片化"模式，使用二维码来捕捉他们所关心的商业广告对消费者来说更便捷、高效，因此广受大众欢迎，这使得企业可以通过利用二维码科技开展市场宣传活动。

（3）AR/VR 技术引流

利用 AR/VR 技术进行的引流策略是一种结合了增强现实与虚拟现实技术的营销手段。增强现实（AR）技术运用计算机手段将难以在现实中直接呈现的信息叠加到用户的实际环境中，创造出一种超越物理世界的感官体验。虚拟现实（VR）技术则是通过构建一个完全虚拟的环境，让用户沉浸在由计算机生成的仿真系统之中，体验到仿佛置身于真实世界的感受。在移动互联网盛行的时代背景下，AR/VR 技术已成为连接线上与线下营销的重要纽带。它们不

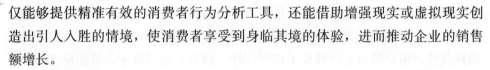

仅能够提供精准有效的消费者行为分析工具，还能借助增强现实或虚拟现实创造出引人入胜的情境，使消费者享受到身临其境的体验，进而推动企业的销售额增长。

3. 场景引流

伴随着社会的进步和社会经济的发展，人们对自我价值实现的需求日益增长，购物方式正在由商品购买转向环境式消费，而这种趋势也越来越被看重。传统的方式是在线下预先设定好顾客体验的环境，以吸引他们的注意力并引发他们的好奇心和需求。

随着移动互联网时代的到来，诸如移动设备、社交媒体、大数据、传感器以及定位系统等技术的快速发展，场景引流这一概念应运而生。它指的是依据用户的地理位置，实时展示相关场景，并以满足用户需求为首要目标。通过移动终端作为操作工具，定位技术提供支持，情感交流建立联系，场景引流能够在特定情境中准确把握消费者的需要，为他们提供定向且即时的信息和服务。这种引流方式的核心在于精确匹配信息，运用二维码、增强现实（AR）、虚拟现实（VR）等前沿技术搭建线上渠道，以此来吸引消费者的注意，引导他们转向线上平台。

（二）圈粉变现

1. 内容变现

无论是在内容消费者、社区联系，还是深度介入特定行业以满足特殊需要中，高质量的信息始终是最宝贵的财富。这主要依赖于我们能够不断提供高品质信息并以此吸引和积累用户及流量。换句话说，内容收益就是指公司通过发布有价值或独特的高质量信息从而实现收入增长的过程。

（1）内容订购

内容订购方式是由作者设定价格、期限及所提供的信息类型，只有当消费者支付费用之后才能获取他们想要了解的信息。然而，大多数人已经适应了信息免费，因此这种收费的方式主要适用于那些对专业领域的高质量内容有着强烈需求的人群，这意味着内容创作者必须具备良好的声誉并能持续产出高质量的作品，同时他们的忠实粉丝数量也需要相对较多。随着小型市场的发展壮大，优秀内容对读者的吸引力将会日益增强，这也使得以销售内容为基础实现收益成为许多移动媒体平台的一个选择。

①有偿下载。对那些希望通过支付费用来获取所需内容的用户来说，例如如果他们想读一本网络小说，就必须为该网站的会员账户充值；同样，若要观看一部影片或节目，也须事先对相关视频网站如爱奇艺和芒果 TV 进行充值并购置相应的服务。

②有偿观看。对像优酷、百度和腾讯视频这样的视频平台而言，其主要的盈利手段是通过销售高质量的内容实现的，比如购买独家版权或自制网络剧集等。这种盈利模式类似于电影票务收入，主要来自用户的会员订阅费用或单次付费观看。通常，这些付费视频会提供一个约六分钟的免费试看期以吸引潜在观众的兴趣。如果观众想要继续观看后续内容，可以选择成为会员并支付相应的订阅费，也可以选择直接为剩余部分付费。

（2）增值服务

为了提供附加价值的服务，我们必须既考虑用户在特定环境中明确的需求，也深入挖掘他们的潜在要求，进而创造更多的服务以满足他们并实现超额收益。我们可以通过专注于某个具有高利润潜力的领域来构建相关的或整合性的附加值服务，这不仅仅局限于在线服务，也可能涉及线下服务。例如对跑者这个情境，除了推出计步器和路线追踪功能之外，我们也推出了与之关联的产品，比如运动鞋和培训课程等。

（3）承接广告

在新媒体出现之前，广告主往往通过报纸、广播、电视等传统媒体平台对品牌和产品进行推广，但这却存在成本高、覆盖率低、互动性弱、效果差等缺点，随着兼具媒体属性和社交属性的新媒体的出现，广告主借助新媒体平台进行营销推广，在降低营销成本的同时还能扩大宣传范围，增强营销效果。无论是 PC 端还是移动端，流量大、定向传播的特点都吸引着广告主的视线。一方面，巨大的流量带来更宽的传播范围，能够保证广告得到最大规模的传播；另一方面，借助大数据技术构建"用户画像"，精确地定位目标用户，将营销信息精准地传送给目标用户，相比于传统媒体广告，新媒体通过实时定向传播进而提高转化率。

公司可通过执行广告任务来获取收益，这涵盖了各种类型的广告如文本、图像、声音及影片等。广告的嵌入模式有两种：一种是隐含式广告，即通过内

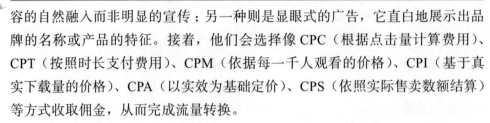

容的自然融入而非明显的宣传；另一种则是显眼式的广告，它直白地展示出品牌的名称或产品的特征。接着，他们会选择像 CPC（根据点击量计算费用）、CPT（按照时长支付费用）、CPM（依据每一千人观看的价格）、CPI（基于真实下载量的价格）、CPA（以实效为基础定价）、CPS（依照实际售卖数额结算）等方式收取佣金，从而完成流量转换。

（4）付费打赏

付费打赏是指用户可以根据自己的喜好认可作者，通过对自己觉得优质的内容进行打赏来表达对他人原创内容的赞同和支持尽管看起来打赏付费与内容订阅有些相似，但是内容订阅更具有强制性，需要先支付费用才能查看内容。而打赏付费并不具备这样的强制性，完全取决于用户自己的选择。对生产者来讲要有高打赏金必须有高质量的内容输出，通过内容产品的直接交易来变现。

虚拟礼品赠予是一种基于支付赞助的方式，它被广泛地用于在线直播领域。观看者通过向主播赠送虚拟礼品来获得费用，而这些礼品则会被转换为数字货币。然后，主播可以提取出这些数字货币并从中获利，同时需要扣除一部分给到平台作为佣金。这种形式下的虚拟礼品种类繁多，如花朵、水晶和戒指等等，都必须以真实的现金换取才能使用。部分主播的房间里会有固定的一群支持者，他们持续性的捐赠行为成为平台收益的一部分。

（5）内容补贴

内容奖励也是一种盈利方式。伴随着互联网的持续发展和 pgc、ugc 内容的快速扩张，越来越多的平台为生成的优秀内容提供补偿，通过奖励激励创作，例如哔哩哔哩的创作激励计划。

（6）版权盈利

版权盈利主要分为线上、线下两种模式。在线版权收益源自内容的创造者（例如博客或 IPTV）向其他平台提供高质量的内容并收取相关版权费。对线上模式来说，稳定的版权收入在很大程度上取决于国家的法律法规构建及行业的自我管理。然而，目前的情况是在互联网中未经过授权就复制粘贴的现象已经成为一种普遍现象，这使得网络上版权支付并未被很好地保护。实现线上版权收费需要全社会的共同努力。相比之下，线下模式的版权收益则来自把原创内容制作为实物延伸产品后销售以赚取利润。在这种情况下，法律保证与行业规定相对清晰明确。

2. 电商变现

借助其社交特性,新媒体赋予了电子商务公司融合的可能性,并以交易分享的形式实现流量转换为收益的重要发展方向。对电子商务行业来说,与新媒体的协作不仅仅有助于引入充足的流动人口,还可以运用社交网络来增强粉丝推广及内容推销,优化客户体验,进而增加产品销售量。例如京东微信购物、手机 QQ 购物等社交型电子商务服务商为商户搭建了一种可以直接与顾客构建信赖关系的环境,一经推出便吸引众多使用者,成为顾客移动购买的新途径。从商业角度看,电子商城具备完备的付款与物流系统,可弥补线上线下营销链条的缺失。此外,因新媒体拥有极高的用户黏度,使得如微信、陌陌等社交工具得以把用户流量引导至电子商城,以此方式完成流量转化为收入的过程。

3. 社群变现

通过广告推广、电商销售、会员费收取和用户付费等方式,实现社群变现的主要途径是吸引更多粉丝并实现盈利。

(1)广告变现

当一个社区聚集了一定数量的成员后,其便自然而然地拥有了推广商业活动的能力。这是因为社区内部往往存在着强烈的情感联系和互信氛围,使得来自社区的信息更易于被接受,并且通常具有较高的可信度,进而能够更有效地传播开来。正因为如此,这样的社区往往会吸引众多企业的目光。比如"逻辑思维"就是运用了这一模式,通过商家赞助的形式为社区成员提供诸如乐视电视、小狗吸尘器等礼物。相较于传统的广告投放方式,社交媒体上的嵌入式广告需要更加贴合社区的特点,巧妙地将广告内容融合到社群活动中,这样才能避免引起消费者的反感或是被忽视。

(2)电商变现

一种电子商务的盈利方式是通过销售商品来实现收入增长。这种模式通常是由社群领导者发起的,他们精心挑选与社群文化及价值观念相符的产品进行推广和销售。例如"吴晓波频道"曾推出了一款名为"吴酒"的产品,这款酒品正是利用了受众对吴晓波本人的信任和认同感,进而激发其购买欲望;再如罗永浩主持的节目"思维",他在节目中推荐书籍,并分享自己的阅读体会,当观众认同他的观点和推荐后,很可能会选择订阅该书籍服务,从而为平台带来收益。

（3）会员制变现

实行会员制度是获取收益的一种方法，其核心在于向成员征收会费来达到盈利的目的。其中最为典型的例子就是"思维"这个社群，他们要求新成员支付一定的年度费用才能成为他们的会员，而对忠实粉丝来说，这笔费用高达一千二百元，但对一般人而言只需两百元即可。他们在短短四个月里成功吸引了数百万的会员费收入。然而要实施这一策略，必须确保社群能够不断产生新的价值并为其成员带来更多的额外利益。

（4）用户付费

以用户为中心的盈利模式依赖于社群所提供的高质量内容服务，只有当消费者愿意支付费用时，才能获得这类服务，例如购买专栏文章、参加培训课程或是听取专业讲座等。以在线教育平台"得到"为例，其上的订阅专栏和"吴晓波频道"中的"晓课堂"都提供了更为深入的内容资源，若想访问这些资源，则必须支付相应的订阅费。同样，"颠覆式创新研习社"的课程也需要学员缴纳一定的学费才能加入学习。因此，社群必须提供卓越的内容服务，让消费者感受到超值的投资回报，从而激发他们持续付费的动力。

4. 合作变现

合作变现主要有两种手段：一方面，可以借助与传统媒体融合的手段，实现流量变现。另一方面，也可以通过组建商业联盟，共享资源，抱团取暖，实现变现。

（1）与传统媒体融合

①与平面媒体融合

新媒体与传统平面媒体的结合，就是将两者的信息融合，把传统媒体的内容在新媒体平台上进行传播。这主要通过互联网阅读、发布电子杂志和报纸来实现。

②与电视媒体融合

传统媒体的发展受到播出设备和时间的限制，但是如果将新兴媒体与之相结合，就可以扩大其发展潜力。此外，利用新媒体这个平台来推广传统媒体内容的产品，并开创全新的网络节目也是一种有效方式。

（2）组建商业联盟

在这个"内容为王"的时代，每个人都可能成为创作者，大量的个人博客和社交媒体管理员难以维持高频度的发布，如果他们不能保持稳定的更新速度，那么他们的读者群将会减少，甚至可能会失去吸引读者的能力。早已经不是一个人独自奋斗就能成功的世界，对许多自媒体人来说，如何持续创作并分享新颖的内容是最大的考验。就连 Papi 酱这样的网红也需要借助团队的力量才能有效地传播信息，当罗振宇也无法独立完成所有工作时，我们必须意识到个体的能力有限，因此寻求合作伙伴，构建网络社区，发展多维度的发展策略就显得尤为重要。

建立商业联合体意味着各行各业的自媒体人士共同创建并选择领导者，该领导者负责与各种企业品牌的宣传需求接触，然后根据每个自媒体人的特点分配工作任务。联合体的会员可以通过相互利用他们的影响力和覆盖面来扩展其客户群。这种专门化的分工会确保高质量的内容产生，同时也增强了他们的影响力，进而有可能带来利润。

5. 品牌变现

在网络世界中，建立品牌的流程可以分为五个阶段：首先，通过口碑营销来打造优秀的产品评价；其次，通过对产品的精心设计与包装来增强品牌形象，从而吸引并培养一批忠实客户；接着，利用这些核心粉丝的影响力来拓展品牌知名度，并在此基础上建立起良好的公众形象；随后，进一步扩大目标受众，让更多潜在顾客认识品牌；最后，将品牌的认知度提升到广为人知的程度，并充分利用线上线下的各种资源，共同打造一个具有广泛影响力的强势品牌。

移动互联时代的品牌需要人格化，回归人性的光辉。对新媒体经营者来说，塑造品牌的个性特征是至关重要的。只有赋予品牌以人性化的特质并使其充满温情，才能将其视为消费者日常生活中不可或缺的部分。借助这种方式，他们可以提升产品的吸引力，超越单纯的产品特性而达到更深层次的精神层面。此外，他们还可以引导产品由仅仅满足人们的基本生存需要向触发人类情感与思想交流转变，进而达成"粉丝转化为收益"的目标。

第四章　新媒体营销模式的创新与实践

第一节　QQ营销

一、QQ营销概述

1996年夏天，三名以色列年轻人共同开发了一款即时通信软件。该软件充分利用互联网即时通信的优势，实现了人与人之间迅速且直接的交流。这款名为ICQ的软件，是国际互联网上最早出现的即时通信工具之一，并在短时间内迅速走红。1997年，马化腾接触到了ICQ，并对其产生了浓厚兴趣，但他也发现了ICQ的一个不足之处——界面和操作均为英文。于是，他和他的团队决定开发一个中文版本的ICQ，即OICQ，后来更名为QQ。

（一）QQ营销的概念和发展现状

作为现代社会不可或缺的通信工具，即时通信应用程序正在持续发展。其发展历程紧跟互联网时代的步伐，并且随着Web2.0的到来，其增长势头越发强劲。根据定义，即时通信是一种能够快速传递信息的媒介和技术。然而，当深入探讨这个概念时，我们可以将其理解为一种允许个人在网络上识别其他在线用户并实时互动的技术。例如腾讯公司开发的QQ就是一款基于网络平台的人际及群体交流产品，用户可以通过单聊或多聊的方式进行对话和信息共享，实现无障碍沟通。

作为一款具有庞大互联网资源的产品，QQ不仅具备丰富的业务模块及多样化的产品系列，还涵盖了诸如浏览器、社交媒体、音乐播放器、视频播放设备以及网络游戏等多种功能，并且它的用户覆盖面广且数量众多。QQ不仅仅是一个单纯的聊天工具，更重要的是它充分发挥了用户规模优势并将其旗下的各种产品融合在一起，形成了一个消费者群体和精确的广告发布平台。此外，腾讯还推出了精准定位系统，能够实时向客户展示广告效果的数据分析结果，例如点击次数、曝光情况以及唯一的点击数等，这些数据可以在不同的领域（比如地域、性别、年龄段以及情景）被细化成详细的统计报表。这种全面的市场营销策略使得腾讯对广告营销进行了全新的诠释，同时也取得了最佳的广告投放效果。

（二）QQ营销的特点和形式

作为一款实时交流平台，QQ的核心功能在于提供即时沟通与对话。因此，QQ的推广方式依据其操作流程、用户界面以及用户的使用习惯来制定，主要包括以下几种策略：

第一，基于对话框的营销策略。这是因为对话框通常被频繁使用的QQ用户所依赖，它成为他们互动的主要渠道。所以，在通过运用QQ来实现针对用户的营销活动时，我们可以有效地借助对话框这一媒介。为了使对话框内的广告更具吸引力且易于理解，需要确保它的显示时长适中，视觉冲击力和信息表达清晰简练。由于人们的注意力容易受到对话框内广告的影响，但持续时间并不长，主要集中在他们的休闲时段。若等候时间太长，他们可能会选择关闭或者缩小该窗口。故此，广告的播放时间应保持短暂。另外，由于对话框的空间较为狭窄，所能展现的内容也相应较少，因此必须用最具吸引力的、最精练的信息去呈现。只要能恰当地应用对话框，就能为广告商创造良好的营销效益。

第二，弹窗式推广策略。当您打开并登录QQ时，系统会利用这一短暂的时间窗口向用户推送关键信息，如最新的新闻动态、体育赛事报道、娱乐新闻和电商促销信息等，以此来满足他们获取信息的需求。例如在用户登录QQ的过程中，迪奥可能会展示一则精心制作的视频广告，其视觉效果华丽且时尚，这短短15秒的视频足以给潜在客户留下深刻印象。此外，广告结尾还会附上一个链接，引导用户免费申请试用，并直接将他们引向品牌官网。

第三，运用QQ的消息通知功能实现有效营销。这种方式能够向用户推送广告信息，并使他们主动阅读这些内容。其次，我们也提到了签名档这一领域，每个QQ用户都可以在此处自由地展现自我，包括他们的情感与想法。这部分空间被视为好友们关注的重要区域，因而也成为一个理想的营销场所。接下来，我们将探讨 QQ 群营销策略。作为一个实时通信平台，QQ 允许用户通过精确的 QQ 号码寻找并建立联系，只有对方同意后才能成为好友。这也是互联网营销中的少数精准推广模式之一。对公司而言，借助 QQ 不仅能培养忠实客户，还能鼓励现有客户推荐新的客户。公司可以通过设定或搜寻特定的 QQ 群以满足自身的市场营销需求，同时也能借此机会保持现有的顾客关系并吸引潜在的新客源。然而，值得注意的是，在群内的交流应避免过于明显，否则可能会引起反感。我们可以选择在群内共享有益的信息及资讯，并在其中加入公司的水印或注明公司的名字，这样就能取得良好的营销效果。

（三）QQ 营销的优点

随着互联网的快速发展，QQ 营销应运而生，并与传统营销方式在网络时代呈现出显著差异。网络营销侧重于建立忠实的用户群体，通过提供个性化的产品和服务来增强用户忠诚度，进而开拓潜在用户市场。

QQ 的用户群体覆盖面广且用户使用频率高，这有助于提升营销效率和效果。QQ 营销的优势主要包括以下五个方面。

1. 高适用性

作为一款即时通信软件，QQ 已经有超过 10 亿的注册用户，而且常年在线人数稳定在 1 亿以上。从老年人到小孩，只要是上网的人，都会把 QQ 当作必备工具之一。由于用户数量众多且分布广泛，因此在营销方面，QQ 具有明显的优势。

2. 高精准度

对大多数的 QQ 用户来说，他们最常使用的工具便是 QQ 群了。这个由拥有共同兴趣或因为某一特定事件聚合在一起的人们所组成的空间，实际上就是一个已然划分好的群体区域。精确化的市场推广依赖于对目标客户群体的细致分类并实施相应的营销策略，所以利用 QQ 群这一媒介，可以为公司节省大量的资源与时间，有效地识别出特定的受众群体，从而更高效、更有针对性地开展市场推广工作。

3. 操作方便

QQ 的使用非常简便，只需要在腾讯官网上下载 QQ 软件，即可注册账号。

一旦完成注册，便可以轻松添加新的好友。只要具备基本的打字和聊天技能，就能够熟练使用 QQ。这也使得 QQ 的营销推广变得更加容易。

4. 成本低廉

与其他宣传方式相比，使用 QQ 来做市场推广可以节省大量开支。首先，QQ 账号的创建完全免费，而且一旦完成注册就能立即开始工作。即便是为了提升服务质量而购买 QQ 会员资格，每月只须缴纳相应会员费用即可。由于 QQ 的使用者遍布广泛，因此吸引新客户所需付出的代价相对较低。

5. 持续性强

宣传和推广首先需要解决的问题是在客户中构建友好的互动环境，而 QQ 有能力长时间维持与顾客的交流，在这方面的优点极为突出。比如通过网络广告的方式很难准确判断究竟哪些人看过广告，包括他们的姓名、性别及观看后的感受等信息，但利用 QQ 就能对消费者的情况一清二楚，并能迅速与其取得联系。另外，由于具有持久且精细的特点，QQ 营销的效果优于其他在线推销方式，从而帮公司节约了大量的资源和时间，提高了工作效率。

（四）QQ 营销的缺点

尽管 QQ 营销有许多优点，但事物总有两面性，QQ 营销同样存在一些不足之处。因此，只有深入了解这些缺点，才能更好地发挥 QQ 营销的优势。

1. 精准营销工作量大

尽管腾讯公司的社交平台拥有大量的活跃用户，但其用户选择的过程仍然烦琐且耗费时间。通常情况下，公司会借助 QQ 群来开展市场推广活动，原因在于这些群组中的成员往往具有类似的兴趣和喜好，而且单次活动的覆盖面也较大。然而，众多公司都希望借此机会展开宣传，这使得一些 QQ 群变成了广告集中营，从而影响了企业的品牌形象及产品销售业绩。目前，部分付费社群已经出现并提供了优质服务，有助于有效解决这一问题，因而我们必须仔细挑选出高品质的 QQ 群，以达到更佳的市场推广目的。

2. 官方限制

QQ 推广的热度吸引了众多软件开发商，他们纷纷研发出一些 QQ 推广应用。然而，腾讯对外部软件实施了一定的限制，一旦发现有超出这些限制的情况，就可能会被封禁账号，这将对 QQ 的推广活动造成巨大的障碍。

3. 存在安全隐患

由于 QQ 是基于互联网运行的，而互联网存在病毒攻击的风险，因此 QQ 也面临着类似的问题，给许多用户带来了不便。例如有时 QQ 用户会收到陌生人或朋友发来的问候信息，但实际上这些信息并不是由对方本人发出，而是由木马病毒自动发送的。如果用户打开了这些包含病毒的链接或文件，可能会导致电脑感染木马病毒，对系统造成损害，并可能导致 QQ 账户被盗。网络诈骗现象也时有发生，比如用户可能会突然收到好友的消息，声称急需资金帮助病危的家人，但经过核实发现并没有这种情况。这就是 QQ 账户被盗用后的诈骗行为。因此，增强 QQ 的安全性十分必要，以便减少因木马病毒和诈骗行为所带来的损失。

4. 营销模式开发不够

现阶段，除了我们熟知的 QQ 之外，腾讯还拥有诸多网络平台，比如网页浏览器、电子游戏等，这些都构成了 QQ 推广的基础设施，唯有充分利用各种渠道，才有可能实现真正的效益。举例来说，社交媒体网站微博因其适应现代社会的快速沟通方式而受到众多人的青睐，具有较高的用户黏度，易于引发热门话题及社会焦点问题讨论。倘若能把 QQ 社群与微博相互融合并积极参与到用户互动中去，这无疑是一种新的尝试。此外，还有很多其他的潜在资源等待挖掘，因此我们的市场策略必须持续地更新或优化，以便取得更佳的效果。

二、QQ 营销的策略

尽管拥有大量的用户群体，但当前的 QQ 营销仍有许多不足之处，如过于随意地发布广告，缺少有效的对话以解决问题，也未形成明确且长期的战略计划。若仅依赖于向朋友群组发送广告，并不能产生实际的市场推广效益。为了提高 QQ 营销的效果，我们必须对其做出合理规划，依据品牌的特性和产品属性、消费者的需求及市场状况来设计合适的营销方案。

（一）群主引导策略

通常情况下，QQ 群被认为是企业实施市场营销的重要渠道之一。在这样的群体中，群主通常具有较高的权威性和影响力，对社群活动的组织和管理起到关键作用。尽管群内的成员彼此间可能并不熟悉，但他们普遍尊重并信任群主。以母婴交流群为例，其主要参与者多为母亲，她们聚集在这里的共同目标是学习更科学的育儿方法。这类群的主导人物往往是经验丰富或专注于儿童教育的家长或专家，他们的意见通常会得到其他成员的高度认可。因此，如果想通过 QQ 群来推进公司的宣传活动，首先需要获得群主的支持，借助其在群内的影响力来进行有效的引导，从而顺利开展营销活动。

（二）专业知识引导策略

由于对技术的专业理解往往是通过与专家交流获得的，所以我们可以在社群中分享专业的见解和技能，同时也可以利用这些知识回答他人的疑问。这种方式有助于建立在社群中的信赖感，并能更顺利地推广我们的目标产品或服务，从而提高营销效果。然而，这个过程要求营销人员具备相关的技术能力。只有不断学习、累积知识，才能够更好地实现信息传递。若仅以一种非专业的态度去推销产品，可能会遭遇到社群成员的反感和排斥。

（三）一对一营销策略

尽管 QQ 群是极佳的推广工具，但更有效的营销方式仍是一对一。所以，我们可以借助从 QQ 群中建立起来的信赖感，把群成员引流至个人化的销售模式。比如如果有客户在群内提问，我们可以在群内展示专业技能解答他们的问题，然后与他们成为好友再进一步深入讲解，逐渐让他们接触和了解相关的商品或服务。这样既能避免群里其他人的反感，也能取得理想的营销效果。

（四）病毒式营销策略

QQ 具备传输文件的能力，使得其成为一种有效的病毒式扩散工具。企业可以把优质内容制作成宣传材料，例如在文档中添加公司标志或产品信息，从而实现品牌的广泛传播和产品的推广。这种方式不仅节省了存储空间，而且便于分享与复制，使之具有持久性和可重复性的优势。所以，高质量的内容往往能引发大量用户的转发，形成病毒式的市场效应。

（五）掌握发布时间

伴随着网络的进步，特别是人们上网时间的碎片化趋势，无论是工作日的通勤途中还是等待公交车的时间都被用来上网了。尽管很多人一天到晚都在使用 QQ，但如果能够依据个人日常生活节奏发送信息，则更有可能吸引用户注意力和降低信息覆盖的风险。所以，为了尽可能地吸引用户的注意力，推广人员需要按照目标受众的日常活动安排发布 QQ 消息。而对大多数人来说，他们的在线时间主要分布在这几个时段：18:00—18:59，9:00—9:59，23:00—23:59。这是他们下班后、开始新工作日前以及入睡前的常见时间点。因此，通过对线上用户生活的深入了解并把握他们的行为模式，QQ 广告可以实现更高效的传播效果。

（六）整合策略

尽管 QQ 拥有庞大的用户基础，但其推广活动往往不仅仅依赖单一的推销方法。为了取得最佳的市场效果，它必须与其他销售平台合作，综合运用各种促销工具和技巧。例如，QQ 可以通过与微博合作来发挥各自的优势，以提升品牌形象。对 QQ 而言，它是公司整体营销策略中不可或缺的一环，应该与其他营销组成部分紧密结合，包括线上和线下的广告活动，确保整个营销计划能够顺利执行。此外，公司还需要根据自身的经济状况、资源条件以及各个销售渠道的具体情况，制订符合自身特点的营销组合方案，以充分发挥每种销售方式的潜力，最终实现最佳的市场反馈。

第二节　微信营销

一、微信概述

（一）微信的基础知识

1. 微信的概念

作为一款能够迅速传输图像及文本信息并能实现多方实时对话功能的信息通信工具，其国际版名为 WeChat。该应用程序设计简洁易用，允许使用者通过各种设备（如智能电话、平板电脑或网络）轻松上传照片、撰写文章、录音或者播放影片。因此，它的出现使得人类可以在任何时间地点与他人保持联系，彻底打破地理位置障碍及其所带来的隔阂感。

2. 微信的特点

微信的诞生无疑是一种革命性的突破。相较于传统的手持电话和短消息服务，它更新颖且方便快捷。与微博对比，它的隐私性和保密性更高；而与 QQ 比较，其消耗的网络资源更少，沟通效率也更快。总的来说，作为一个强大的社交工具，微信具备以下三个特性：

第一，跨越各种设备与平台，微信实现了无障碍沟通。凭借其对多种操作环境的兼容能力，无论是手机、平板上的移动应用，还是在线网站及外部程序，微信成功打破了地理位置和技术平台之间的界限。无论你使用的是 iOS、Android、Windows Phone 还是 BlackBerry，都可以轻松发送消息并实现顺畅互动。同时，它还支持多人聊天功能，并提供多语言版本，让人们能够在任何地点、任何时间与朋友保持实时对话而无须翻译。公司机构也可以充分利用这一特性，举办线上会议，这样不仅提高了效率，还节省了成本。

第二，与其他如微博、QQ 之类的社交平台相比，微信提供了更为私人化且安心的沟通方式。只须通过关注的模式即可获取他人的动态，而无须像 QQ 那样需要手动查找并建立联系。虽然这些工具方便快捷地结交朋友或者分享资讯，但是由于公众对个人信息保护的需求日益增长，他们对此类平台的安全顾虑也在不断上升。不过，微信的问世有效解决了这个问题。它主要依赖手机号和 QQ 好友的导入来寻找新联系人，这使得所有新加好友都来自熟人圈子或者已经认识的人，从而确保了朋友圈子的隐私性和安全感。

此外，微信的内部交友功能，如"摇一摇"和"附近的人"，也考虑了信息安全。未添加的好友仅能看到用户选择公开的部分信息，而这些信息用户可以在隐私设置中选择隐藏。只有当陌生人成为好友并被授予相应的权限后，才能查看更多个人信息。

第三，微信能够节约时间和精力，并节省了通话费用。通过使用微信发送语音消息进行沟通，尽管与传统的电话对话相比存在一定的延迟，但依然可以实现实时聊天。从费用角度来看，微信无须支付任何通话费或流量费，这使得它比传统的电话通话更具吸引力。此外，上传的视频和图片都经过了精细处理，因此其运行所需的流量较少。总的来说，微信不仅在金钱和流量方面节省了开支，同时还提供了更多的便利性和智能化功能。

（二）微信的基本功能及服务

微信作为社交新宠，具备以下三种基本功能：

1. 便捷的多媒体交流

微信界面支持发送语音消息、视频、文字以及图片（包括表情和照片）。这种便捷的多媒体交流方式是微信广受欢迎的主要原因之一。

在网络环境中，图文并茂的信息比纯文字内容更易被人记住。因此，新兴的社交媒体需要具备发布文字和图片功能的重要性，这里便不再赘述。

尽管如此，微信的多媒体通信模式中的最大特点无疑就是其强大的语音对话能力。使用者只须轻触并说出他们的想法，然后放手即可立即传输给对方，这种操作过程简单且高效。现在，人们普遍利用微信来实现即时的电话通话已不再稀奇，这也充分说明了语音通话的高效和便利。同时，微信的语音交谈不仅节省了输入文本的时间，也增加了一些亲切感。虽然文字可能显得优雅而经过精心雕琢，但声音却更具真实性与感情色彩。相较于文字，声音能够更好地传达出人的真挚感受，如喜悦、愤怒或悲伤等情绪。借助语音进行交流，有助于缩短彼此间的心理距离，使沟通变得更为真诚，这也是微信语音交谈之所以受欢迎的原因之一。正是基于这个原因，微信最初才被宣传成"会说话的短信""免费对讲机"。

另外，微信的一个显著特点就是可以上传和分享视频内容。不仅如此，用户还能够通过微信实现实时的视频聊天。随着技术的飞速发展，录制短视频的花费逐渐降低。网络上到处都是人们利用视频来传达爱情、纪念大学生活等场景。借助微信这个平台，可以更方便地以视频的形式展示我们的情感与想法。

借助微信的多媒体通信能力，人们能够按时向亲友献上祝福之歌，也能实时与家人们进行视频对话以传达牵挂之情；此外，旅行游览中也能够随意捕捉异地的美景并与朋友们共享。这种包含文字、声音、影像等元素的交互式沟通方式，使得我们的联系更加充满趣味。

2. 多种途径添加好友

微信提供了多个渠道添加新友，包括从 QQ 好友列表导入、借助电话簿寻找联系人、扫描微信号获取联系方式、分享微信号邀请他人、用二维码识别或摇动设备等方式搜寻新的伙伴。而最常用且最具便利性和安全的则是直接从 QQ 好友名单或者电话簿里找寻潜在的新朋友。

微信能自动辨识出用户的 QQ 号码及手机联系人中的微信好友，并对他们进行推介。早期的微信主要依赖于从 QQ 引入的方式去结交新朋友，这使得用户不用费心填充个人信息或主动寻觅与查找好友，而只须简单地导入他们的 QQ 好友即可，大大提高了效率和便利度，并且形成了一个密切的朋友网络。起初，微信只依靠 QQ 账号系统建立联系，之后逐渐扩展至根据用户授权，配对其手机电话簿以提供好友建议。多年前，互联网领域就有专家预测，手机电话簿可能变成一种比电子邮件更为有用的社交工具。然而在此之前，已有的社交平台比如微博、Facebook、Twitter、QQ 等，却没有充分利用这个潜在优势。由手机电话簿添加的新朋友通常是你所熟知的人，或许是你的亲人或者朋友，也有可能是同班同学，这些人的社交圈子往往更加真实且稳定，彼此之间的关系也是较为亲近的。如今，越来越多微博用户开始转向微信，以便扩大他们的社交圈子，原因在于微博上的社交圈子相对来说比较复杂且虚幻，其中可能会出现一些你不熟悉甚至根本就不存在的粉丝。

再者，通过微信私密设定选项中"允许或拒绝被他人查找"的功能，用户可以选择让其他人在使用 QQ 号码或电话号码搜寻时能否找到他们。一旦开启好友认证机制，所有试图把用户列为朋友的人都需要首先获得用户的同意，以防止无谓的打扰。

3. 跨地域的多人群聊

作为腾讯开发的一款多人社交工具，微信群提供了便捷且无障碍的人际互动方式。尽管类似功能早先已在 QQ 平台上出现，微信群仍具有独特优势：任何人只要被邀请或符合群组规定即可加入并发起对话；同时，它还允许分享各种类型的文件，如照片、视频和网页链接等。无论身处何处或何时，用户都可以参与讨论和信息传递，无须受地理位置或时间限制。此外，微信群支持自定义主题名称，并可随时调整群内成员。其受到广泛欢迎的原因之一在于极高的实用性和便利性。

利用微信功能在职场中实现信息的沟通和共享，既高效又经济实惠。例如公司内部的通知或消息可以通过群聊来传达，这能避免员工逐一拨打电话或发送短信的过程。对必须举行的工作会议，也可以在群里展开讨论，从而减少了开会的花费并确保不会有任何重要信息被忽略。由于每个用户在群里的发言都能够得到永久存储，所以即使有人错过某个重要的内容也能及时查看。尤其是在某些突发情况下，比如人员难以集结或是设备限制等情况下，创建微信群可以让团队成员无论何时何地都能方便快捷地进行互动与交流，非常实用。

除核心作用外，微信亦具备诸如朋友圈、搜索周围的人、通过 QQ 邮件接收通知、私人消息助理、声音提示、语音日记、联系人保护器、大范围发送信息工具、微博浏览、网络使用情况检查、游戏平台等众多功能。

二、微信营销的价值和优势

21 世纪的市场推广必定与数字技术和互联网紧密相连。在这个瞬息万变的世界，忽略新技术的应用可能导致在竞争中落后，而不采用线上销售策略则意味着失去了企业的未来。微信作为当前的热门话题，其商业潜力巨大。随着微信的发展，由此衍生出的微信营销模式，成为商业竞争中不可忽视的重要市场竞争力。

（一）微信营销的价值

继微博推广策略之后，微信推广凭借更为稳固的人际关系网络和更精准的目标定位，迅速成为公司开展市场活动的新趋势。目前，微信已经超越了单纯用于私人交流的角色，作为当下最流行的社交资讯工具之一，它不仅逐渐成为移动设备的主要访问点，还在向主要商务交易平台转变，这对营销领域带来的革命性影响已初露端倪。微信用户数量的持续增长、逐步开放的公共服务平台、广泛的服务功能以及精准的定位，都使得微信推广的力量难以估量。

1. 营销价值不断攀升

微信的活跃用户不仅遍及中国的每一个角落，还延伸至东南亚华人聚居区以及部分西欧地区。这一超过 12 亿的用户基数蕴藏着巨大的商业潜力，吸引了众多商家和企业的关注。与此同时，微信的用户数量仍在不断增长，这一庞大的潜在消费者群体彰显了微信不断增强的市场推广能力，这也是越来越多人选择参与微信市场营销活动的原因。

2. 日益完善的功能服务

自腾讯发布微信以来，该公司的团队一直致力于不断提升和改善微信的服务质量。每次版本更新都会引入新的商业策略和发展趋势。例如利用 LBS 技术开发的"寻找周边人"功能使精准营销成为可能；微信的语音通信功能使企业的服务从单向传播转变为点对点互动；群组功能的增强扩大了企业信息的覆盖范围；而公开的朋友圈则鼓励用户帮忙宣传推广产品。微信所提供的各项功能不仅能帮助企业改进客户服务，还能根据忠实消费者的需求提供相关信息并调整服务质量。一旦出现任何问题或不满，企业可以立即与客户沟通解决，以避免造成更大的损失。此外，微信支付功能的发展将彻底改变传统的购物方式，用户只须扫描二维码即可找到所需商品，并使用微信完成支付。这种简便高效的购物体验具有巨大的市场潜力，值得各家企业深入探索。因此，随着微信各项功能的逐步成熟和服务质量的提高，其对企业营销的影响力也在不断增强。

（二）微信营销的优势

微信已经开启了全新的市场营销阶段，其各种功能都可以成为商业竞争中的有效工具。只有充分利用微信的优势，才能在市场营销的起点上取得胜利。

相较于其他社交平台，微信推广的优势极为突出。

1. 成本低廉、方式多样

传统的营销推广费用十分高昂，投放传统媒体广告不仅需要支付广告制作成本，还须承担高额的媒体投放费用。此外，传统的推广方式如电视广告、报纸和宣传海报等需要投入大量的人力、物力和财力。相比之下，微信营销的成本非常低廉，几乎可以视为免费。微信软件本身免费提供各种功能，使用微信时所需的上网流量费用也很低。通过微信开展的营销活动成本也非常低。用户可以通过文字、图片、语音等多种形式与好友进行更丰富的交流，因此微信受到了广大用户的喜爱。此外，微信公众平台的推广价值也很大。微信公众平台以低价甚至是免费的特点吸引了许多企业进行推广。微信公众平台一经开放注册，许多具有商业头脑的推广人员便发现了其价值，许多热门微博博主也纷纷加入微信公众平台，并利用其在微博、论坛和博客上的资源快速积累了大量粉丝。这样一款免费、成本低廉且资源丰富的社交软件，其推广价值自然随之提升。

另外，与传统的单一推广方法相比，利用微信公众号做广告的方式更为多样化和丰富。通过使用这个社交媒体工具，用户可以发送包含文本、音频文件或多媒体内容的消息给他们的朋友或粉丝。普通账户和个人账户都可以发布三类信息公告：纯文字信息、图像资料及声音片段。对已经获得官方认证的企业来说，除了可以直接向订阅者提供完整的新闻稿外，还可以创建一系列主题文章以供分享，以便吸引更多关注。这种多样化的传播策略使得宣传活动更加有趣且富有创意，有助于提高整体活动效果。同时，我们还应该注意到，公众号提供了诸如"浮窗"功能、地理定位标签设置选项、二维码生成器等多种有效的营销工具，并且还有朋友圈和公众号服务平台这样的创新商业应用程序可供选择，作为主要的营销渠道之一。

2. 精准营销、互动性高

尽管早期的博客营销也具备一定的互动特性，但由于后来出现的各种商业推广活动的影响，微博逐渐丧失了部分影响力和吸引力。相较之下，微信公众号的信息传播更加精准且有针对性，主要面向智能手机用户，提供了即时且高效的交互体验。无论时间地点，只要手持智能手机，用户就能方便快捷地与其潜在消费者展开有效互动。基于这种实时互动的基础，利用移动设备、社交网络及地理定位等技术手段，每个发布出去的信息都有可能被接收，从而使每个人都有机会接触到该信息，进而帮助商家实现精准定向营销。同时，通过公众号的管理后台，可以根据用户群体划分和地区限制来对粉丝进行多样化的分类管理，以达到精准推送的目的。与微博相比，微信公众号作为一个纯粹的通信工具，用户间的聊天记录仅限于私人领域而不对外公开，这有助于增强用户间的关系紧密度。借助这一特点，公司可以通过提供符合个人需求和偏好的信息传递来进一步加强与顾客的联系，提升他们的认同感。这种一对一的互动交流模式不仅具有良好的互动性，还能在精确发布信息的同时建立友谊。

3. "三高"的信息尺度

三项关键特性——高度覆盖范围（high coverage）、深度暴露度（deep exposure）和强劲吸收力（strong absorption），是构成微信公众号传播效率的三大要素。这些因素对任何一种推广手段来说都至关重要，尤其是在到达目标客户的能力方面尤为重要。相比之下，传统的电话短消息往往会遭到大量过滤；部分电子邮件甚至会被自动归类到垃圾邮件文件夹中。同样，通过社交媒体平台如 Twitter 推送的消息可能并不能确保被收件人读取或理解，从而削弱宣传效果。然而，通过公众号功能实现的内容分发却能保证几乎百分之百地送达每个设备终端，不会有遗漏。这主要得益于其强大的提示功能，可以利用声音警报、语音播报或应用程序通知来实时提醒用户有关未查看的内容更新，从而提高内容的可见度。众所周知，"曝光频率"是评估信息展示效力的核心参数之一，基于通信软件演化的微信公众号具备极高的醒目性能，能够通过各种方式，包括响亮的声音信号、音频播放及系统设置等途径，持续向用户提供最新动态，以便他们及时了解相关信息，不错过每一个细节变化。此外，微信公众号的所有订阅者均通过自愿注册获得，他们的浏览行为完全是自主选择的结果，因此无须担心会产生反感情绪影响整体表现。

虽然实时信息的传递能够保证用户不错过重要资讯，但过度利用这一功能可能会导致更严重的后果，相较于传统网络和应用程序中的通知与提示，这种影响更为明显。在这个智能设备主导的时代，人们的日常生活离不开电子产品：他们需要每天随身携带设备以保持联系；相比之下，计算机并不总是处于开启状态，也无法随时获取最新的信息更新。在这种情况下，如果所有通知都通过单一渠道（即我们的主要通讯工具）出现，那么就会有更多无用消息打扰我们，从而引发不满情绪甚至可能增加额外的费用。作为一个广泛使用的社交媒体服务平台，腾讯公司成功实现了巨大的市场份额及优秀的品牌形象建设，这是一个罕见的成就。

三、微信营销模式

伴随着微信各项功能和服务的持续优化升级，其营销策略也在不断创新和发展。每次微信软件的迭代都包含新的特性和服务，如"寻找周边的人"、实时信息传递、语音沟通、扫描二维码、公共账号、社交圈、订制化选项、游戏大厅等。根据这些新增功能，微信营销已经衍生出多种常见的方式。

（一）LBS 模式

LBS（Location-Based Services）是指基于位置的服务，这是一种利用移动运营商的无线电通信网络或外部定位方式获取用户位置信息，并在地理信息系统平台的支持下，为用户提供相关服务的增值业务。微信是在微博之后兴起的一种简单、快捷的沟通方式。2011 年 8 月 3 日，微信推出了具有地理位置服务功能的"查找附近的人"插件。此后，微信营销也开始采用 LBS 营销模式。这些功能都融入了地理位置技术，为微信营销带来了新的模式。

毫无疑问，微信在 LBS 技术方面的应用非常丰富，例如用户可以在朋友

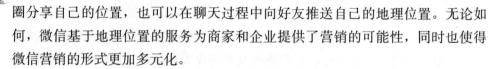

圈分享自己的位置，也可以在聊天过程中向好友推送自己的地理位置。无论如何，微信基于地理位置的服务为商家和企业提供了营销的可能性，同时也使得微信营销的形式更加多元化。

（二）互动模式

公司通过使用微信推广产品，这是其区别于其他社交网络平台营销的关键因素，即高水平的交互能力。鉴于此特性，互动型广告在微信营销领域非常普遍。这种策略主要体现在两个方面：一是精确的消息传递，二是私密对话。商家可以通过分析消费者的需求，为他们发送订制化内容，从而增强消费者的忠诚度，因此微信是满足顾客需求和服务推介的理想选择。普通账户只能向朋友发送文本、图像或音频消息；而经过认证的账户拥有更多权限，除了发布单一的文章外，还可以发布主题文章。微信公众号可以通过后端控制系统对用户群体及地理位置进行管理，实现精细化的消息推送，其信息抵达率接近100%。可见，互动式的消息传播是微信的核心竞争力所在。品牌的互动式宣传方式可以让"粉丝"们参与到个性化的活动中，享受更为直观的交流体验。

由于部分微信用户可能会对频繁输入文本感到疲劳，同时也会担心过多的视频流媒体消耗大量数据流量，因此他们更倾向于使用微信发送音频消息，这是一种既节省时间又能节约成本的方式。此外，还可以通过这种方式与用户进行互动，使品牌能够与消费者建立紧密联系，进而逐步塑造品牌形象。

毫无疑问，借助微信的交互特性，公司能够缩小与客户间的距离，增强客户的忠诚度。微信式的交流方式对公司的信息传递及与顾客的沟通提出了更高程度的精确性和个性化要求，这会带来一定的挑战。一旦企业的关注者达到一定规模，就必须配备相当数量的全职员工来维持运营，然而人力资源的不足可能会导致消费者参与感下降。因此，当客户量增加到一定程度时，公司就需要重新思考如何改进和完善这个系统。

（三）O2O模式

O2O，即 Online To Offline，是一种结合了网络和实体店面的电子商务模式。它通过吸引网民到实体店消费，实现网上支付并取货或接受服务的过程。借助这种策略，商家可以向潜在顾客传递门店信息，从而将其转化为实体店铺的忠实客户。2012年5月15日，腾讯公司推出了"扫描会员卡"的功能，标志着微信正式进入了 O2O 营销领域。

在微信中，"扫一扫"功能是连接企业和用户的便捷通道。用户只须使用"扫一扫"功能扫描特定商家的二维码并添加为好友，便可获取企业资讯和优惠信息，有时还可以享受会员折扣和服务。因此，添加企业二维码相当于在微信中获得了一张电子会员卡。对企业而言，他们可以设定独特的二维码来吸引用户关注，并通过优惠和折扣拓展 O2O 营销模式。

伴随移动通信科技的不断进步及 5G 时代的到来，实时在线网络正在逐步形成。二维码作为一种经过验证且成熟的信息存储和识别技术，与智能手机结合后，成为连接虚拟世界与现实生活的新途径。微信的普及使得越来越多行业开始采用二维码，包括餐馆、商场、小超市、房地产商、航空公司、火车站售票点等，从豪华的希尔顿五星级酒店到经济实惠的如家连锁旅店都在使用。无论走到哪里，我们都能看到二维码的身影，它们覆盖了人们日常生活中的各个方面，如饮食、住宿等。通过手机微信，我们可以方便地获取或共享这些信息，因此基于微信的移动生活方式变得越来越流行。

在 O2O 市场营销中，微信展现了其独特、实时和交互式的巨大潜力，这使得它处于领先地位。同时，利用移动互联网的新媒体工具，通过二维码来实现品牌宣传能够更精确地定位目标客户群体，并将其从实体店铺引导至网络世界，在网上持续推动与顾客的交流，从而在线上线下渠道传递公司信息，塑造新的购物行为，这对提升品牌价值有着显著影响。然而，如果仅仅期待用户参与活动，大多数人可能并不会感兴趣，因此营销团队必须为他们提供一个清晰且有吸引力的动机或理由，比如扫描二维码，享受八折优惠。

第三节　微博营销

一、微博营销概述

（一）微博营销的概念

微博是一种通过关注机制分享简短实时信息的广播式社交网络平台，可以看作是博客的一种简化形式。在这个平台上，用户可以分享、传播和获取信息，通过 Web、WAP 等渠道建立个人社区，用少量文字即时更新信息。微博的关注机制分为单向和双向两种，并侧重于时效性和随意性。企业微博是指企业或品牌以官方身份在微博平台上注册并运营的账号，利用微博的特点发布与企业相关的信息，实现低成本的产品推广、用户管理、品牌传播、危机公关和销售促进等市场营销价值。企业微博的粉丝可能会通过关注、评论和转发等行为成为企业的用户并帮助传播宣传内容。

微博营销是基于微博平台的一种营销策略，既保留了社交媒体营销的共性，又具备微博的特色，例如内容的简洁性、即时性、互动性和广泛传播等属性。

（二）微博营销的特点

微博营销是一种基于关系推广、内容分发、精确定位和整合性理论的新型媒体营销策略。相比传统的市场推广方法，这种方式拥有许多其他方式无法比拟的优点。

1. 门槛低

微型博客的信息长度较短且以口语化语言为主，其发布的便利程度远远超过传统的博客方式，并且它能够使用多种格式如文本、图像或视频来呈现产品推广的内容。注册过程相对简便，用户只须提供电子邮件地址和电话号码即可创建个人账户，而公司则需要提交相关的商业文件，如营业执照，并将其扫描后上传至系统中，经过审核确认无误后就能成功开通官方微博。

2. 多媒体

通过在微博上进行营销活动，可以巧妙运用多样的技术手段，如文字、图片、视频等形式，全方位呈现和介绍企业的产品和服务。利用微博营销的多媒体特点，可以使潜在用户更直观地感知营销信息，从而实现更高的信息传达率和阅读率。

3. 多平台

得益于其庞大的用户群和移动互联网的飞速发展，微博能够在多个平台上登录，例如电脑、手机、平板等设备，确保信息发布的便利性与快捷性。

4. 即时互动性

公司可以在社交媒体平台如微博上快速向其指定的目标客户传达商业广告信息；而后者则可以通过分享或评价等方式回应这些信息并与公司互动交

流——这是有效市场推广方式的体现。此外，如果有必要，公司也可以根据特定消费者的需求提供订制化的回复消息，以增强用户体验并提升品牌形象。在这个以顾客为中心的时代，倾听公众的声音并满足他们的需求对公司的销售策略来说至关重要，这是成功推销活动的基础。

5. 传播速度快

信息的发布是微博营销的关键环节，其特点在于非线性的无序扩散，而非有中心的封闭传播。公司通过微博平台发布的商业广告能够迅速且准确地传达给公众，同时借助微博巨大的受众群体和社交网络，特别是大 V 与知名人士的分享转播，使得这些推广内容被大量转发并引发热议。这种营销策略可以作为病毒式营销的一种重要形式。这类宣传手段能在短时间内带来最大化的回报。

（三）微博营销的理论基础

微博的两大核心特性是社交和媒体，这些特性决定了企业在利用微博进行营销时的主要关注点。只有将关系营销、内容营销、精准营销以及整合营销相结合，才能取得优异的营销效果。

1. 关系营销

关系营销是在 20 世纪 80 年代由巴巴拉·本德·杰克逊提出的一种理念，即将营销活动视为企业与用户、供应商、分销商、竞争对手、政府机构及其他公众之间相互作用的过程，其核心在于建立和发展与这些公众的良好关系。简而言之，就是吸引、维持和加强与用户之间的关系。社交、媒体、渠道和平台是微博的四个主要特征。微博是企业与用户之间进行互动交流的平台，其强大的互动性有助于企业有效地维护用户关系，同时帮助企业进行市场研究和监测，有利于企业开展营销活动，增强用户忠诚度并开发新用户。

2. 内容营销

内容营销是指利用图像、文本或视频等多种媒介来展示企业的相关信息，旨在增强消费者信任并推动产品销售的过程。它主要包括内容的创作与分发，目的是向目标客户提供有价值的信息，以实现互联网营销的目标。无论其载体是企业的标志、宣传手册、网页、广告，甚至是衣服、纸张、购物袋等，这些载体的核心信息都应保持一致。由于微博拥有庞大的用户群且信息丰富，因此要开始微博推广首先需要引起公众的关注。在这个新媒体时代，内容的重要性毋庸置疑，而微博营销则要求运用多种手段整合多元化的媒体工具将信息传达给受众。优质的内容能够有效地吸引追随者并维持他们的忠诚度。一项研究表明，如果顾客喜爱某个品牌的故事，那么其中超过 50% 的人会在将来购买该品牌的产品。因此，企业应该善于将情感元素融入内容营销中，以便在众多竞争对手中脱颖而出。所有产业都可以被视为娱乐产业的一部分，如果企业无法跟上潮流，就有可能面临被淘汰的风险。数据显示，人们更倾向于观看娱乐新闻，尤其是在承受生活压力时，这使得企业借此机会推出娱乐性的信息更容易被大众接受。平均每个人会关注四种以上的企业微博，管理者还需要重视内容的独特性，与粉丝进行互动交流以塑造品牌形象。同时，利用微博所具备的多元化功能，可以帮助公司实施各种创新营销活动。

3. 精准营销

我们正处于大数据时代，借助微博开展商业推广可以利用大数据技术实现信息的多次触达、舆论监测、评价反馈、客户交流以及顾客关系的建立。只有当企业能够精确识别其目标消费群体，例如他们的年龄、性别、地理位置、爱好等各个维度，并运用微博的信息推送功能精准投放广告，才能既保障消费者的使用体验，又助力公司的精细化销售策略实施。

4. 整合营销

整合营销是系统的组合运用多种营销方式，并实时调整以适应外部环境，旨在通过交易双方在互动中创造价值增益的一种营销观念和技巧。其核心在于将各部分独立的营销活动统一为一个整体，从而实现协同效应。其中包括广告、直销、促销、人际推广、包装设计、特殊事件、资助项目以及服务和消费者等多种营销元素。通过全面分析整合营销框架、产业、商品和服务消费者，我们可以据此制定适合公司实际状况的整合营销策略。由于微博具有众多优势，它已成为企业营销过程中的重要组成部分。然而，我们不能仅依赖微博来完成全部营销任务，必须将其与其他媒体（例如电视、杂志、微信）相结合，才能充分利用每个媒介的优势，提升营销成效。

二、微博营销的策略和误区

尽管微博的发展备受关注，但其影响力也日益受到公司、政府和个人的重视。然而，目前许多公司仅将微博作为短期宣传的渠道或应对突发事件的紧急手段，这种方式未能充分利用微博进行市场推广，不仅无法有效传递信息和解决问题，更难以实现预期的市场销售目标。

（一）微博营销策略

在当前的经济环境下，企业微博营销成为传统营销模式的有效补充。为了适应新形势，我们需要基于企业的整体营销策略，有效地利用微博开展营销活动。

1.定位策略

首先，明确微博营销的目标至关重要。只有精准定位后，才能根据目标受众的特点帮助企业有效地利用微博展开营销活动，从而达到提升商品知名度、塑造品牌形象、应对突发事件以及挖掘潜在客户等目的。这可以通过创建与企业产品或品牌特点相关的热门话题来实现，以此为基础制定有针对性的营销策略。首要步骤是确定微博的定位并优化内容的方向。微博已经成为众多企业实施社交网络营销的主要工具之一。该平台具有高度的公开性和互动性，使其成为发布信息和执行公共关系的理想媒介。然而，随着新媒体市场的扩张，特别是微信公众号对微博产生了一定影响，许多企业调整了市场策略，忽视了微博的强大传播能力，从而停止了微博的运营，这是一个错误的决定。与公众号相比，微博具有更广的覆盖范围，能够迅速广泛地传播信息，并且具有较强的媒体属性，非常适合企业进行品牌推广、维护公共关系以及保持与消费者的联系。虽然微信公众号主要在移动端使用，但微博同时覆盖了 PC 端和移动端，因此企业微博的网页版常被视为展示企业形象的重要平台。微博紧跟互联网的发展趋势，通过多角度的战略创意、媒体应用、技术支持和效果转化，开辟了移动营销的新路径，为企业提供了卓越的品牌营销解决方案的参考和指导，其营销价值随着移动互联网的普及日益凸显。

首先，我们需要将各种市场推广手段融合起来，以便更好地利用其他网络媒介提升品牌形象和产品销售额。对企业而言，官方博客不仅仅是独立的存在，而应与其他宣传途径协同合作，共同创造更大的效益；因此，它应当与企业的整体广告策略保持一致，建立一种互相支持的关系模式，从而取得最佳的市场效果。由于新颖的信息传播方式——如社交网站（例如 Twitter）——不同于传统的新闻发布或电台广播等方式，它们更容易被大众接受，并能提供更多的实时信息反馈，且具有多样化的表现形式供人们选择使用。同时，Twitter 本身也具备向其他线上平台引入人气的功能，比如通过网址链接或微信公众号等方式，这些都可以成为有效的推动力量，促使大量用户涌入，最终使其成为强大的商品促销引擎之一。

2. 管理策略

许多企业在使用微博进行市场推广时，并未进行长期的策略规划，仅将其作为临时的应对措施，未能充分利用微博的优势。因此，企业需要采取恰当的管理策略，达到最大化效益。

第一，必须建立一支专门从事市场推广的专业团队。许多企业未能充分认识到微博的重要性，并缺乏对其发展的长期规划，这主要是因为他们难以找到合适的微博营销专家。随着数字科技的飞速进步，营销领域也在不断变革，因此一些公司落后于时代是可以理解的。然而，企业家往往没有意识到传统营销方式与网络营销之间的区别，也没有给予微博营销足够的重视，这导致他们在招聘专职的新媒体运营人员方面存在不足，并且对如何使用各种新的微博工具、应用程序和插件感到困惑。为了有效地经营微博，取得良好的运营成果，企业必须紧跟时代步伐，并对新媒体技巧进行适当的培训。此外，微博营销人员应该能够持续跟踪行业动态，理解互联网的变化，把握微博的发展方向，以提高其适应能力，更好地应对快速变化的互联网环境。在新兴媒体营销中，竞争异常激烈，一名优秀的微博营销专家应当具备流量思维和客户服务意识，例如擅长写作，能够处理图像和视频资料，善于组织活动，并懂得用户管理。然而，并不是所有的微博营销工作者都需要具备这些能力和素质。一家公司可以通过创建一个新媒体营销团队来满足需求，该团队包括文案撰稿人、设计师、视频制作者、用户管理员、活动策划人、公关专员和数据分析师等多种角色。团队成员之间相互协作，发挥各自的专长。不过，每个人都需要了解每个步骤，掌握一定的操作技能，并具备洞察趋势、预测风险的能力。

第二，构建多个微博子账号来执行不同的任务是必要的。由于产品的多样化，每个产品线的特性和功能都应该被考虑，并创建相应的子账号，以便充分利用组织内的所有资源，为公众呈现多元化的品牌形象。多个账号协同工作，可以实现与消费者的直接互动。然而，并非所有企业都能理解设立多个微博账号的重要性，他们往往只设置一个唯一的官方微博，结果导致信息混乱且风格不一致，使客户感到困惑。因此，不能简单地认为企业需要大量的微博账号来满足各类观众的需求，而应该根据管理人员的能力设定账号数量，并考虑到组织的实际需求。此外，我们也建议员工参与到微博活动中来，因为这可以让内部分享更加深入地了解企业文化。这就需要领导者具备微博营销的理念，激励员工注册实名制的微博账号，并积极传播企业形象，从而创造出一种隐性的价值。

第三，需要整合企业的识别系统，以增强品牌的知名度。目前，企业微博主页正在进行升级改造，这些变化无疑将推动发展。作为企业的展示窗口之一，也需要注重自我形象设计，因为这会影响客户是否愿意成为我们的关注者。现在，企业版微博为人们提供了许多订制个性化界面的便利，例如通过修改头像、封面图片、卡片背景颜色、焦点图像等方式自定义界面外观。美观精致的网页设计不仅能给粉丝带来舒适的视觉体验，还能提升关注转化率。例如春秋旅行社的电脑网站首页就采用了核心元素如 Logo、字体和色彩，并将其与公司的商标、官方微信二维码、卡通图案、标语、客服电话及最新活动信息融合在一起，使访问者能够迅速捕捉到关键信息。整个页面结构清晰，布局美观，给人良好的视觉体验。

第四，重视行业的新闻来源、领导者观点和主要竞争对手。微博作为一种社交工具，能够通过互动交流扩大影响力并提升曝光率。企业应当积极参与微博活动，密切关注行业新闻来源、专家观点以及主要竞争对手的动态，这不仅有助于获取行业资讯，积累丰富的行业知识，同时也能借此机会与网络红人建立联系，吸引更多粉丝，进一步提升品牌形象和口碑。此外，还须时刻关注竞争对手的信息，以便及时了解他们的动向，从中学习有益的经验，避免无益的做法，借鉴他们成功的策略，为自身的市场推广提供帮助。最后，要保持对社会热点话题的敏感性，这样才能紧跟社会潮流，有效利用这些热点话题来制定符合品牌特色的宣传主题或策划相关活动，使官方账号保持活力和吸引力。

第五，要充分利用微博应用的功能，在展示、营销和管理方面实现多样化。企业、媒体等机构类账号可以接入微博应用，以获得专业且稳定的扩展工具和服务。据统计，大多数企业尚未充分利用微博的应用功能，认为其不适合在手机上操作，但实际上情况并非如此。为了适应移动设备的发展趋势，微博已做出大量改进，其应用功能已不再是短板。现在，微博可以快速接入 H5 应用，

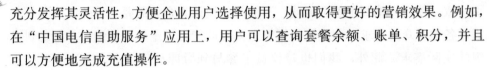

充分发挥其灵活性，方便企业用户选择使用，从而取得更好的营销效果。例如，在"中国电信自助服务"应用上，用户可以查询套餐余额、账单、积分，并且可以方便地完成充值操作。

3. 内容策略

由于微博内容以"简练、直接、迅速"的特点而著称，要想在这个平台上获得成功，就必须提供优质的信息并激发公众讨论。只有塑造出独特的个人形象和专有特性，才能在众多竞争对手中脱颖而出，从而增强品牌影响力。

首先，内容营销是一种双向交流的方式，而非企业单方面的推动。为了满足消费者的需求和喜好，企业需要深入了解他们的内心世界，并制定有效的营销策略。企业应思考消费者对哪些事物感兴趣，需要何种产品或服务，如何激发他们的兴趣，以及如何使他们更关心品牌形象，进而策划出符合品牌定位的活动，以此吸引消费者参与真实的互动。通过富有内涵、趣味性和深度的内容营销手段，与消费者建立情感联系。尽管大众反感商业宣传，但却热衷于听故事，因此，企业可以采用引人入胜、实用且具有交互性或独特个性化的方法，将企业的观点和创新思维转化为生动的故事，引发消费者的情感共鸣。

其次，需要确保企业的微博用语保持一致性和时效性，紧跟随流行趋势。就像一个人一样，企业的社交媒体账号通过其发布的文本、图像和视频来传递充满情感的信息，而这些信息的表达方式往往能深入人心。因此，作为企业社交媒体的管理人员，应该为自己的角色设定一种人性化的特点，成为一个令人喜爱的形象，并根据这种特点挑选合适的语言风格，以便尽可能多地吸引目标用户。然而，这并不意味着品牌不能有多样的个性，关键在于这些个性之间不会产生矛盾，并且能够相互补充。基于这一点，可以从不同的角度描绘品牌形象。例如故宫文化服务中心的官方微博"故宫淘宝"就利用了风趣幽默的语言和图像，使原本严肃、庄重的古代皇家历史活泼有趣。这样的语言不仅适应互联网的特点，还赋予了那些曾经显得有些刻板的历史人物一种可爱的幽默感，从而吸引了许多年轻人的关注，进一步扩大了影响力。

最后，必须持续改进内容的呈现方式。尽管微博的核心在于信息的质量，但其展示模式同样重要。因此，微博一直在探索各种新型的信息展示方法，比如视频功能、头条新闻、可换行的文本、实时播报、投票选项、取消 140 个字符的限制等，这些都能满足不同年龄段消费者的新需求，使微博更具活力与趣味。实际上，微博已经成为信息的汇聚中心，并占据了不可动摇的地位。科技的发展推动了数字化营销产生更多富有创意的表现手法，这种结合新技术和优质内容的策略不仅能吸引观众的注意力，还能使内容营销更具深度，同时增加互动性和体验感。利用社交平台开展营销活动已是当前的主要趋势，其效果优于传统营销手段。

4. 互动策略

现阶段，微博推广中的常见交互手段是奖品分享。企业通常会设立各种奖项以鼓励客户关注官方账号或激发粉丝分享。虽然这能有效地提升公司的微博知名度，但也降低了精准度，因为许多人只是为了获取奖品而分享，并不对企业抱有忠诚度，也不能给企业带来实际收益的增长。因此，必须寻求更高效的交流方法。

首先，要运用工具关注潜在用户。企业需要对粉丝进行管理，并根据其性别、年龄、教育水平、职业、爱好、地域等属性进行研究管理，进而制定相应的营销活动方案。企业应首先定位好产品的受众群体，然后进行用户行为分析，以此为基础制定吸引目标客户的营销策略。积极关注目标群体，以期吸引他们的注意并提高转化率，需要投入大量的人力。但随着技术的不断进步，越来越多的第三方应用应运而生，通过这些工具，可以批量发送信息、定向关注潜在用户，减少人力投入的同时提高工作效率。此外，还可以与之前互动过的、对投放广告感兴趣的用户进行进一步沟通，从而不仅有效提高广告的转化率，也促进了广告商的后续跟进工作。此外，在广告投放后，企业还应根据效果进行监控，调整投放时段以确保广告的精准投放和效果的提升。

其次，需要运用流行的话题来提高微博的知名度。每天都有许多不同类型的热议事件和主题出现在微博上，这些内容经过不断的讨论和评论后，能迅速扩散并引起广泛关注。对企业的微博管理人员来说，他们应密切留意当前的社会焦点问题，并善于抓住时机，巧妙地利用这些热门话题制造影响力，从而实现品牌推广的目的，扩大其影响力和市场份额。

最后，我们应关注并倾听粉丝的声音，充分利用微博的实时性和交互性功能。如果不能恰当地运用这些特点，微博就会变成一个冷冰冰的机械平台，无法理解粉丝的情感需求，从而可能导致失去他们。许多人常常误解营销就是简单的销售行为，实际上，营销远不止于此。根据现代管理学者彼得·德鲁克的

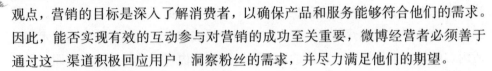

观点，营销的目标是深入了解消费者，以确保产品和服务能够符合他们的需求。因此，能否实现有效的互动参与对营销的成功至关重要，微博经营者必须善于通过这一渠道积极回应用户，洞察粉丝的需求，并尽力满足他们的期望。

5. 掌握发布时间

网络使用的时间呈现出零散的特点，这要求公司根据目标消费者的工作和休息日程来设定微博发布的时刻，以确保能够充分吸引用户的关注并激发他们的好奇心。通过观察微博用户每日发布微博的习惯模式可以发现，微博的使用率非常高，每天早上五点钟是一个高峰期，然后在下午一点至两点之间略有下降，三点以后会逐渐回升，七点过后再次缓慢增长，直到十点达到顶峰，随后开始减少。此外，要提升广告的效果，还需要深入理解微博的主要受众，只有这样才有可能实现一举多得的目标，将企业的品牌或产品推向精准的目标市场。

（二）微博营销的误区

实施微博营销的过程中，我们常常会陷入一些常见的错误观念。有些人认为粉丝数量和转发次数是衡量成功的唯一标准，这与我们传统的营销方式有很大不同。实际上，虽然微博是一种基于网络平台的营销行为，但它与传统营销模式之间的区别并不大，其核心仍然保持不变。企业通过微博开展的市场推广工作是一个需要持续性和连贯性的项目，为了取得预期效果，必须遵循从调查研究到制订计划，再到确定定位、设计策略、执行操作、收集反馈并不断优化的过程，这是任何一种传统营销都无法忽视的重要环节。

1. 粉丝越多越好

虽然拥有大量粉丝对微博营销至关重要，但我们必须避免过分关注这一数字。真正对企业产生影响的是那些具有明确消费需求的目标客户群，而不是仅仅依靠增加大量"粉丝"的数量。尽管粉丝数量可以作为一种衡量标准，但在微博营销中并不是最具价值的数据点。因此，理解和把握微博营销的核心价值应超越单纯的粉丝数量，这才是开启成功的企业微博营销之旅的关键一步。"僵尸粉"的存在将导致无法取得良好的营销效果。

2. 转发越多活动越成功

虽然转发数量被视为评估微博推广的关键因素，但其质量更为关键。必须分辨出哪些人进行了转发,这些人是否是我们的目标客户或高质量消费者。为了找到合适的目标受众并了解他们的行为模式与偏好,公司需要对市场进行深入的研究、规划及定位。基于此信息,可以制定相应的微博策略以激发这类人的转发热情,进而为后续的购物做好铺垫。通常情况下,微博的主要参与者包括在校学生或新入职员工,这些人是最容易被激起行动的人群,然而,这个群体的一个共同特点是购买能力相对较低。因此,如果此类人群不是目标消费群体,那么微博推广的效果可能会大打折扣。

3. 微博上发布大量促销、推广信息

虽然微博是一个免费的市场营销平台,但由于其具有互动功能,企业应当将其建设成为一个沟通和服务平台,务必做好用户关系管理,及时将用户的反馈意见传达给企业,以提升服务质量。如果微博上仅仅发布大量的促销和推广信息,而忽视用户的反馈意见,将会导致用户关注度下降,信息也可能被其他海量信息所淹没。

4. 一味模仿跟风

"凡客体""陈欧体"这些网络热潮词汇之所以能在社交媒体平台上如火如荼,是因为它们代表了公司的特色与特性,能够引发网民们的共鸣和好奇心。然而,若只是盲目追随潮流而不注重自身品牌的塑造,那么这种行为就只能是利用热门话题而非建立品牌形象,最终会变得无足轻重。

5. 过于看重即时效果

尽管微博营销的实施需要时间,但许多公司仍将其视为一种快速获利的手段。实际上,微博营销应当是一个逐步深入且潜移默化的过程。只有通过长期积累大量高质量的粉丝,并维持良好的人际关系,才能真正实现其有效性。否则,短暂的互动和粉丝数量的增长并不代表有实质性的营销成果。

三、微博营销的展望

"电商 + 社交"模式将在未来的电子商务领域,特别是在 B2C 市场上逐渐占据主导地位,这得益于新浪微博与阿里巴巴达成的战略联盟。随着这种趋势的发展,B2C 微博营销将更加强调平台和资源的联合使用,从而为公司创造出巨大的商业价值。

（一）利用社交电商关系链

中国的电子商务行业的发展在很大程度上依赖于流量的支持。由于电子商务行业的相似度不断增加，加上消费者对价格战的厌倦，使得依靠流量的电子商务公司必须寻求新的途径来维持其增长。因此，基于关系的社交电子商务被视为电子商务发展的下一个机遇。从电子商务公司的角度来看，他们在使用微博进行宣传时，应该减少微博的商务特性，增强其社会互动和娱乐元素，并通过事件驱动的弱联系社交网络建立高品质的微博传播源。社交商业的关系链是指在一个大型的社交关系网中存在大量有影响力的人物和红人，这些人物拥有众多追随者，形成了一个巨大的社交关系网络。在品牌推广过程中，根据不同的人群制定个性化的内容策略，借助社交关系链来传播品牌的价值观和营销活动，从而实现聚合效应。随着商品线越来越细分，电子商务公司在进行密集的市场营销活动中逐渐表现出分类趋势。特定时间点会专门针对特定商品开展营销活动。例如服饰、婴儿用品、化妆品、电子设备等都有各自的"销售日"。然而，面对如此多的潜在客户，如何采用有效的工具去定位目标人群并迅速传达品牌信息呢？电子商务公司不得不在寻找更加精确的营销方法上做出努力。由意见领袖创建的社交环境可以更准确地将产品引导到粉丝的需求上，大大提高了购买转化率。运用各种类型的意见领袖的社交资源，有助于提升信息的有效传输。

（二）建立品牌社交聚集地

作为一种重要的品牌推广渠道，微博已逐渐成为人们交流的热门平台。随着越来越多个体加入这个社交圈子，其影响力也日益增强。为了实现从单纯的信息传递向构建关系的转变，必须首先从创建微博入手，进而吸引更多粉丝关注我们发布的内容。毕竟，企业仅仅是一个品牌的代表者，而非所有权拥有者。要借助社交媒体打造属于企业的品牌社区，听取消费者的心声，让他们畅所欲言，同时激励他们在社交圈中创作并分享与企业品牌相关的话题。这样一来，品牌就能获得口耳相传的美誉度。另外，企业还须用微博搭建与客户及行业领导者的联系桥梁，借此赢得他们的信赖和喜爱，使每个人都积极参与到品牌的宣传活动中去。因此，未来电子商务企业的关键在于充分发挥粉丝的影响力，通过社交媒体塑造出忠诚的粉丝群体，建设品牌社交中心，从而使得营销行动和资讯能在互联网世界里得到广泛的响应。

（三）实施品牌联合战略

在信息碎片化传播的今天，品牌可以通过联合与合作相互渗透，实现双赢局面。企业可以合作共享部分品牌特性和忠实用户群，以换取更大利益并创造全新亮点。对电商企业来说，平台型综合电商企业除了为品牌搭建平台外，还为其提供服务，这种联合合作已经成为常态。平台型电商企业的合作能整合流量资源。对垂直型品牌来说，比如小米公司，跨界合作意味着与完全不同属性的品牌合作，将会激发不同的生命力。小米公司曾在微博上与凡客互动，虽然两家互联网公司的产品不同，但对产品的追求却是相同的，即极致、简单、品质。这样的品牌合作在微博平台上引起了一批目标用户的关注。两个品牌的目标用户群存在巨大的重合度，尽管两家公司产品不同，但精神追求却一致，通过微博合作展现了品牌的共同精神与力量。

第四节　直播营销

一、直播营销的定义

在流量至上的新媒体时代，互联网直播这种新型即时传输手段从一开始就凭借其强大的传递能力、娱乐元素和交互特性，使得信息的连接更加顺畅，覆盖范围更广，并能引起观众的共鸣。因此，它已成为许多新媒介环境下信息传播的重要工具之一。各类直播网站和应用程序如雨后春笋般涌现出来，"快速吸引粉丝、迅速获得流量"则成为直播的核心词汇。同时，网络直播的低门槛和高盈利等特点，使得直播行业成为企业开拓营销的新渠道，成为网络营销市场的新风口。再者，随着社会总体素质的提高和经济的快速增长，大众也面临着巨大的生活压力，许多人认为通过观看直播可以在忙碌且高压的工作环境中有效缓解压力，这种体验和满意度进一步促进了在线直播的发展。

随着网络直播的不断发展壮大，"直播＋"的模式逐渐扩展到各个领域。其中，直播与营销的组合被企业营销者迅速捕捉，直播营销应运而生。"直播＋营销"的结合可以从以下两点体现出来：

第一，无论是直播还是营销活动，其核心原则都应是"流量优先，客户为主"。通过直播可以构建市场的根基，而这主要是依赖于网络红人或名人的影响力来推动流量的增长，或是利用独特且新鲜的方法来吸引观众的注意力，进而获得流量，以此为营销活动的实施提供一定程度的市场支持并创造营销机会。

第二，直播与营销都需要意见领袖的引导。直播通过主播来进行推销，无论是网红、明星还是相关专业人士，都需要将企业的产品信息推广给用户；而营销也需要相应的营销人员来进行。

第三，直播营销真正兴起的原因在于网红经济、粉丝经济、注意力经济的大背景下，KOL（关键意见领袖）、网红、明星展现出的直播带货能力，以及对 B 端企业的品牌营销能力，还有娱乐直播平台的商业变现能力逐渐凸显。同时，直播平台的实时互动性是其他平台所不具备的。企业通过网络直播可以与用户进行在线互动，了解消费者诉求；可以借助网络红人宣传企业产品，进行品牌推广；也可以借助明星、网红直播带货，实现产品促销。直播的实时性让观众更具参与感，品牌推广者可以通过在直播平台上投放广告，或是利用主播的吸引力和销售额，与用户互动，从而促进流量和销售额，提升营销效果。

对直播营销有两种主要的理解方式，即狭义与广义：其中，狭义的直播营销指的是利用视频直播作为信息传递工具，并借助实时的线上交互来推动公司品牌的曝光或提升产品销量的策略；而广义上的直播营销则涵盖了从直播前的预热活动到直播后的再次扩散等整个商业化的操作环节，涉及的参与者除了直播过程中直接展示商品的企业外，还包括相关技术的提供商等。

二、直播营销的特点

直播营销的特点主要包括以下六个方面：

（一）覆盖率高且精准

用户在观看直播视频时，需要在特定时间一起进入播放页面，这种局限也使得我们可以准确识别并吸引这批忠实的目标用户。此外，这种方式其实与互联网视频所倡导的"随时随地性"背道而驰。然而，这种在线播出的方式需要观众在特定的时段内登录直播间，这是一种由观众自主决定的行为。他们基于个人的偏好做出决策，因此其精确程度非常高。这样能够精准地判断出目标受众的忠实度，并且能协助企业迅速锁定大量的优质客户。

（二）用户有参与感与体验感

内容由主播传播主要取决于用户的爱好和即时反应，而用户积极的交互则构成了直播营销深层次介入的核心基础。直播能满足人们探索陌生生活的渴望和好奇心，其亲眼所见的特性使得它比其他营销方式更容易赢得消费者的信赖。除了提供信息外，直播间还能带来一种身临其境的感觉，让观众无须离家就能感受到现场氛围并共享经验。由于直播模式的特点，它能够占据用户的时间和注意力，以独家且实时互动的方式影响他们。相比传统的或已退出的线下营销手段，线上的直播营销具有较低的侵略性，因为无论在哪里都能随时观看。

（三）实时互动

与传统媒介相比，互联网直播的一个显著优势在于能够充分适应客户多样的需求。观众可以通过发送弹幕、分享评论或为主持者赠送礼品等方式进行互动沟通。在线直播中的互动体验是真实且立体的，使得人们的参与感达到极点，甚至有可能通过公众意见的影响力去调整流程步骤。这种线上直播销售模式打破了传统大众传媒一对一传递的特性，实现了实时的双向互动和传播方式的可能性。

（四）引发情感共鸣

在信息碎片化的社会中，我们正处于一个非集中性的环境里，人们的互动和情感沟通变得日益稀疏，尤其是在日常生活中。然而，直播这一富有仪式感的节目播放方式，可以吸引一群拥有相似兴趣的人聚集起来，专注于他们热衷的领域，并互相影响彼此的情绪，从而产生达到强烈的精神共鸣。

（五）营销转化率高

公司在开展推广之前，通常会在多个网络渠道上展示他们的商业推广计划。独特的推介策略和充满悬念的广告手法可以快速扩散至各大社交媒体平台，引发大量关注。在线上直播活动中，拥有庞大粉丝群体的名人或意见领袖都能为整体推广提供充足的人气支持。观众们在观看直播时，对这些名人的热爱可能会激发他们主动参与讨论，通过这样的交流，他们既能获取关于商品的信息，增强对商品的理解，也可以借此机会深入了解公司的品牌精神及价值观。再加上一些如折扣券、现金返还等刺激购物行为的方式，就可以推动顾客做出购买决定，完成从浏览者到实际购买者的转变，进而提升成交效率。

（六）市场反应较快

在新媒体时代的大环境下，90 后群体的消费特征主要是小众化和个性化。

90 后消费群体不会过于注重品牌，对新产品、新品牌具有较强的尝试心理与接受度。在开展网络直播推广之前，公司运用大数据及相关科技手段来研究观众群体的行为特性，并据此设计符合这些特定受众口味的在线推销方案。同时，利用实时监控系统追踪观众与主持人的交流情况，从后台收集有关产品销售的数据指标及趋势变动等信息，以获取顾客的需求、喜好及其现行促销模式的优缺点。然后，依据直播结束后产生的销售数据去洞察客户需求，从而迅速做出相应的商业决策。因此，在整个网络直播过程中，我们选择正确的目标人群，并制订满足他们购买欲望的产品计划，从而达成精准营销的目标。

三、直播营销的类型

现有的直播销售策略繁多且各具特点。当前最常见的直播销售方式包括以下四种类型："直播与电子商务""直播与网红""直播与发布活动"和"直播与社会互动"。

（一）直播 + 电子商务

"直播 + 电子商务"指的是一种基于网络视频流媒体技术的主播与观众互动模式，它通过利用电子商务网站或应用程序来实现商品推广、促销等活动，旨在提高产品的市场占有率。这种方式可以分为两类：一是在电子商务平台中加入直播元素；二是主打直播内容的电子商务平台。

以电子商务平台为基础并融入直播元素的最具代表性的是天猫直播和淘宝直播这样的平台。通过将直播纳入自身平台，电子商务公司将其视为一种辅助工具，首先借助平台的大量用户来引导直播流量，然后用直播带来的流量回馈电子商务，使电子商务仍保持主导地位，而直播则主要起助推作用。例如淘宝直播成功整合了产品售卖、品牌宣传及内容管理，实现了电子商务和直播之间的无缝对接，从而减少了与客户互动所需的时间和成本，拓宽了营销途径，让无论是大型还是小型的商店都能找到适合自己的淘宝直播模式，以此吸引更多粉丝和顾客，提高店内的交易转化率。

以直播为主打的内容电商平台致力于构建一个直播与电商平等、互利、共生的平台，赋予直播强烈的营销色彩。消费者在观看直播时就已经做好了会看到营销推广的心理准备，因此，只要产品内容具备一定的推广价值，就不容易使消费者产生较强的排斥心理。

（二）直播＋网红

"直播＋网红"是利用网红、KOL（关键意见领袖）、明星等的粉丝经济效应，通过粉丝打赏、广告变现、直播带货等方式实现商业价值。通常来说，这类网红往往活跃于诸如微信、微博之类的社交媒体和抖音、快手这样的短视频平台上，他们通过实时直播的方式来增加自身的粉丝数量并提升名气。同时，这种方式也能让他们利用各种途径去挖掘自身品牌的经济效益，并且能为企业带来更多的流量、促进产品销售及宣传品牌的新颖且有效的路径。

"直播＋网红"的销售策略突破了地理位置和时间限制，使顾客能感受到仿佛置身于现场般的体验。企业可以根据消费者的偏好和反馈，立即对广告内容做出相应调整，有助于将观众的行为转化为实际购买行动，同时也能直接观察到广告的效果。网红直播推广具有强大的话题创新力，商家可以通过网红与消费者进行实时的对话交流，使得企业的品牌形象和热度的契合度更高。在直播过程中，由于网红的追随者们有着类似的思想观念和兴趣爱好，他们之间互相交流分享情感，从而形成一种和谐融洽的环境，进一步加深网红与消费者之间的感情联系。目前，"直播＋网红"的直播营销方式主要有以下四种：

（1）秀场打赏模式。这种模式主要利用消费者的好奇心和爱美之心，借助网红靓丽或帅气的外表来吸引粉丝并获取支持。"富豪粉丝"们所送出的虚拟礼品是该平台的主要收入来源。这个商业模式既简便易行又具有可模仿性，因此能在初期和中期为公司带来丰厚的收益。但在现实操作中，有些商家无视中华传统文化道德观念和诚实守信的商业精神，打法律的擦边球，钻政策规章的空子。这样做不仅很容易受到制裁，发展空间也十分有限。

（2）以粉丝经济为基础的方式。通过网络直播的内容，观众能与主播更加亲近，使得那些曾经难以接近的人现在可以轻松接触到，并让他们成为网红主播发展过程中的关键部分。他们可以通过赠送虚拟礼品、参与直播间讨论、投票点赞等方式来提升主播的影响力，进而累积大量的流量和支持者。此种方式有助于有效引入网站的访问量，并且拥有较高的忠实度和热度。

（3）直播带货模式。该模式是指网红、明星等 KOL 主播在网络平台上进行视频直播，吸引用户购买商品。主播实时展示商品和即时互动使得直播营销方式更具真实性和可信度，直播过程中跳出的链接容易使用户产生下单冲动。

（4）内容创造模式。这种方式是利用网络红人或名流等主导者创造各种独特的直播主题，以激发并吸引观众对他们的喜爱和支持，会聚一群有相似喜好的人。而观众则是这些活动的中心人物，他们可以在一种沉浸式的环境下感受到参与感和互动感。比如美容技巧、电竞比赛、现场表演等，这样的内容既能有效地吸引观众的注意力，也能增加平台直播的丰富度，满足各类直播需求，进而带来巨大的流量。依据消费者的需求特性推动直播的高品质和专一性，借助提高直播内容的质量来吸纳更多受众群体。

（三）直播 + 发布会

"直播 + 发布会"这种新型的在线营销策略主要是为了提升企业的知名度和产品的市场份额。它利用实时直播的产品发布会来吸引顾客，增强品牌的曝光率并扩大其影响力。采用直播技术与产品发布的融合是一种有效的手段，能够有效地展示公司的品牌价值，同时也能推动产品的销售量增长。相比传统的线下活动，互联网直播更具灵活性和便利性，因为它不受限于特定场所、预定时间和参与者的数量。因此，选择使用线上的直播形式推出新产品，既能节省租用场地的费用，又能全方位且深入地向公众详细阐述产品的设计特点。通过在众多社交新媒体网站发布直播信息进行宣传造势，可以整合多平台流量入口，充分利用社交媒体的优势，扩大事件的影响力度。但也须注意要将重点放在"曝光"而非"成交"上，通过吸引流量塑造品牌形象，立足于企业的长远发展而非短期提高销量。

（四）直播 + 社会互动

"直播 + 社会互动"的直播营销方式是指将直播与微博、微信等新媒体社交平台融合，借助社交媒体的强大社会关系网络为直播带来更多流量，并通过直播的互动功能让用户进行沟通交流，以互动吸引流量，形成"深度社交"，进而实现直播"反哺"流量给社交媒体，使得直播与社交形成一个良性闭环。"直播+社会互动"的典型应用如"一直播"与微博的结合。"一直播"将微博作为流量入口，依靠其强大的流量在最初的"百播大战"中占据了有利地位；而微博作为社交媒体及时顺应趋势嵌入直播平台，在其自身流量的基础上通过"一直播"的流量"反哺"引入更多流量，曾经甚至借助"一直播"实现了第二次爆发。二者借助"直播+社会互动"的方式达成合作关系，实现了互利共赢。

四、直播营销的策略

借助网络直播的独特优势，企业可以更有效地推广产品。通过吸引粉丝和流量，展示出更加生动真实的产品，提高用户体验，从而增强营销转化率。越来越多企业纷纷加入"直播带货"的行列，但是开展直播营销需要明确的方向，盲目跟风往往会适得其反。因此，企业需要制定与相关产品和品牌相匹配的营销策略，以实现营销效果的最大化。

（一）坚持内容为王

随着新媒体的发展，企业的市场控制力逐渐减弱，消费者掌握了更多的主动权。同时，直播技术的应用也改写了信息的传递模式，使两者间的交流变得更加公开透明。这意味着消费者对产品质量的要求更高。因此，各媒体平台之间的激烈竞争实际上就是内容的较量，"内容至上"仍然是当前市场的核心主题。如今，每个人都可以成为内容的创造者，但这也带来了优质资源短缺的现象，并引发了一些不良现象，如盗版、恶意竞争等问题。因此，当公司开始使用直播来推广其品牌时，他们需要密切关注如何发掘多样且高质量的产品内容，并始终以内容为中心，不断挖掘吸引人的亮点，以满足不同客户的需求。优秀的内容能把企业和消费者紧密联系在一起，优秀的内容加上卓越的使用体验可以增强消费者对公司的信赖度。传受双方的信息更加透明化，使得消费者对内容的要求更为严格，因此各个信息传播渠道的竞争归根结底还是围绕内容的竞争，"内容为王"仍是这个时代的"营销主旋律"。在这个"人人都是内容生产者"的时代，内容输出量增多的同时，也导致了在这一背景下，企业在坚持

"内容为王"理念的前提下，还要与消费者积极互动，了解消费者的想法，打造更符合消费需求的产品，将直播营销的优势与产品内容的优势相结合，为消费者带来全新的体验，进而引导交易型消费，促进销售。

（二）进行精确定位

不同的直播平台、网络主播、网红明星等都有自己的特点，拥有不同的粉丝圈层。因此，企业借助直播开展营销活动时，必须根据自身的产品和品牌定位，选择目标用户群体，即相应的粉丝圈层，然后以此为依据选择合适的主播。总的来说，精准的定位首先是对企业自身产品和品牌的定位，其次是目标消费群体的定位，最后是直播主播的定位。以此为基础开展营销活动，能够实现精准营销，取得事半功倍的效果。

（三）实现整合营销

企业营销活动的开展需要将多种传播手段和传播方式结合起来，加强与用户的良性互动，将产品信息与企业文化传递给目标群体，树立良好的品牌形象。可以通过整合营销的方式与消费者建立并维持良好的关系，提升消费者对产品或品牌的认知，从而实现企业营销目标。在新媒体情境下，随着网络的日渐普及和数字技术的不断升级，整合营销理论显得尤为重要。网络直播打破了时空界限，增加了信息传播过程中的真实感与代入感，通过积极互动提升了用户体验。企业可以将整合营销理论运用到直播营销中，进一步提升营销效果，从整合线上营销方法以及整合线上与线下营销方法两个层面出发，开展适用于网络直播情境的营销活动。

1.线上营销方法的整合

企业可以将口碑营销、互动营销、病毒营销、事件营销等多种网络营销方法结合，借助不同的营销工具和手段，将其运用到产品或品牌的营销传播中，形成一个全方位的整合营销体系。例如，微博和微信这样的社交媒体平台经常会涉及各种主题或事件的讨论，而利用这些平台来做直播，就可以"借势"一些热门话题，把它们当作直播的主要流量来源，从而扩大影响力并取得最佳的宣传效果。

2.线上与线下营销方法的整合

新媒体营销工具如网络直播，只是信息传播的一种方式。品牌营销的成功不仅需要依赖互联网的力量，还需要整合线上和线下的各类策略和手段，相互融合与补充，以达到最大化的品效合一。

（四）提升用户参与

合适的预热活动能够吸引消费者的注意力，提前带动消费者的好奇心与热情，让更多人参与到直播活动中，甚至提前引爆产品的销量。预热活动具有预告和造势的作用。首先，预热活动能够准确地将营销活动的时间、地点以及产品相关信息、邀请的网红明星等关键信息传递给消费者，具备预告作用；其次，"喜欢热闹、充满好奇"是大部分消费者的天性，预热活动能够通过营造火热的气氛提前造势，扩大传播范围，吸引更多消费者关注，为直播营销活动的开展带来一定的流量基础。因此，企业在进行直播营销之前，可以利用各种新媒体渠道，结合直播的互动性和预热活动，激发粉丝的热情，提前引起轰动，吸引流量，从而增加用户参与度。

第五节　短视频营销

一、短视频营销的定义

随着互联网媒体的发展和移动流量费用的显著下降，以手机为平台的短视频已逐渐融入普通人的日常生活。随着网络环境的持续优化，视频已成为人们获取信息的主要渠道之一，相较于传统的文字和图片更具吸引力。例如一条热门新闻在各大门户网站上被置顶后，点击量会迅速突破十万次。而通过发布精心制作且有趣的短视频新闻，则更容易引发广泛关注，点击量甚至可能达到数百万次。毋庸置疑，在新媒体时代，短视频已经成为最具吸引力的信息传播方式之一。自2017年起，以快手、抖音为代表的短视频应用，借助其不断扩大的用户基础和商业潜力，站上了互联网行业的风口，成为新媒体领域中的现象级应用。

短视频是一种新型互联网内容传播方式，与传统的视频形式以及网络综合视频不同的是，短视频的长度通常在几秒到几分钟之间，在短时间内可以迅速向大众传递精简的信息，强调社交属性。"参与"和"分享"是短视频的核心要素，用户不再仅仅是内容的消费者，更是内容的生产者。短视频平台通过各种手段刺激消费者的积极投入，使他们自动转变为内容的创造者，并以指导性的方式激发消费者的创作热情，他们的作品涵盖了技巧传授、搞笑娱乐、流行趋势、社会焦点、街访记录、慈善教育、广告创新和商务订制等多种元素。短视频具有时间短暂、反复播放特性明显、内容丰富实用、二次传播效果显著、资讯多样化等特征，能适应公众的碎片时间，成功接触到预定受众群体。精简、实用、易传播、信息多元化等特点满足了大众在碎片时间内获取信息的需求，能有效触及目标人群。

企业也纷纷将目光转向短视频，利用其进行网络营销。简而言之，短视频营销是指通过短视频播放平台开展的一系列广告经营活动，这一概念包括广义与狭义两种定义。从广义上看，它涵盖了所有基于移动设备并采用短视频形式的广告推广活动；而从狭义角度看，则专指短视频发布过程中包含的硬广告和软广告元素。进一步细分的话，短视频广告可以分为四种主要类型：品牌形象广告、视频插播广告、信息流广告、内容植入广告。毫无疑问，短视频营销已成为主导性的市场策略，通过短视频社交网络构建的社会化媒介平台，可以帮助企业迅速塑造良好的品牌形象，在极短的时间内吸引消费者注意，并易于传播，从而产生快速扩展的影响力，实现高效的市场信息传递。

二、短视频营销的特点

视频短片具备强大的信息聚合能力，可以在单一主题下整合推广信息，并结合社会化网络平台的特点，形成深层次的交流与互动。一旦上传，这类视频往往能产生持久的影响力。通常情况下，观看次数远超关注者数量的情况较为常见，优质的前端素材有潜力引发流行风潮，并具有较高的商业潜力。

短视频营销丰富了新媒体原生广告的形式，借助短视频开展营销活动能够在短时间内吸引用户关注，并易于扩散传播，形成较强的影响力，迅速取得裂变的效果。另外，短视频对内容的匹配程度要求很高，创作的复杂程度也相对较高。然而，以"情景、剧情、感情及创新"为基础的原创短视频广告模式，能够使品牌的呈现更加鲜活且具象化，从而更精确地触及目标受众并引发他们的情感共鸣。短视频营销不仅实现了营销信息的触达，还能通过深入分析用户对品牌广告视频的行为特征，包括停留时长、点赞、评论等，以及品牌讨论区的评论内容，了解消费者对品牌的认知，进而推动整个营销过程的改善和优化，创造更大的商业价值。

三、短视频营销的类型

（一）基于广告

短视频营销是随着短视频的兴起而出现的一种广告营销模式。相较于传统的营销策略，短视频营销以其高经济效益、精准定位、显著的交互效果和广泛覆盖的特点，成为一种新兴的产品推销方法。为了实现有效的短视频营销，我们需要具备独特的营销理念，即如何打造出独特且能凸显品牌特色的广告内容。这是短视频广告未来的发展趋势，也是值得深入思考并不断优化的方向。此外，如何构建既满足消费者需求又符合企业实际需求的环境，是短视频营销发展的关键所在。得益于人工智能算法赋能的短视频平台视频分发机制，企业广告能够更加精准地投放到目标用户的视频流中，实现品牌与目标用户的无缝对接，更好地服务于用户和企业。随着短视频广告因移动特性而具备了融合各种新颖数字技术的潜力，例如 AR（增强现实）和 VR（虚拟现实）等，将会出现更多丰富多彩的多媒体交互方式，带来更具吸引力的用户体验，并紧跟时代步伐，助力视频广告的发展迈上新的台阶。

（二）基于内容

短视频营销内容主要是指运用视频短片的方式，借助有效的创意内容设计与传播策略来传达广告信息，进而推动产品销售及品牌提升，以此达到在线营销的目的。随着移动互联网媒介的发展，其焦点已从"以量取胜"转向"以质量为主导"。UGC（用户自创内容）因其高品质成功演变为 PUGC（专业用户生成内容），并获得了消费者的认可，这是能够带来经济效益的有效方法之一。此外，短视频独特的制作流程和分享模式使其能够筛选出高质量的内容，并得以升级优化。短视频是精华内容的浓缩，既能搭配音乐、动画等元素调动人们的视听感官，又能在最短时间内让观众掌握精准信息，是内容营销的重要媒介之一。抖音红人、网红们在拍摄短视频时将营销产品融入其中，通过亲身体验，分享相对真实的使用感受，为用户提供有趣且有价值的商品使用经验，使用户对这些产品产生兴趣，并在短视频下方直接提供购物链接，实现内容价值的商业转化。

四、短视频营销的策略

企业若想抓住短视频平台的巨大流量，做好短视频营销，就需要建立科学的运营模式，采用合适的营销策略，保持持续且高质量的内容输出，将创新深化的理念通过富有创意的形式表达出来，激发用户的认同感，实现社交裂变。具体的营销策略如下：

（一）进行精准定位，提高内容质量

企业只有保障短视频内容制作的质量，并明确其精准清晰的定位，才能引发目标群体的共鸣，提升营销推广的效果与质量。在注意力经济时代，想要吸引用户的注意力，就需要整合海量信息，提升内容输出的质量，确保内容的创意性和个性化。内容的单调一致会阻碍信息的迅速传播，削弱短视频广告的效果和品质。因此，企业在实施短视频广告时必须确保内容新颖且独特，同时保持高质量的制作并展现出独特的创意思维。第一步是确定短视频的准确目标群体，清晰地表达推广的核心主题，并将热点议题融入推广活动中。第二步是在制作短视频的过程中，需要全面考虑包括标题、背景、音效等多个元素，对其进行深度规划和研究，以保证短视频的高质量，同时提高广告效应，从而真正体现短视频营销的优点及其潜在价值。

（二）构建营销矩阵，整合流量入口

目前，许多视频广告商只专注于制作优秀的作品，而忽视了其他途径，如在多个平台上的宣传活动等可能带来的巨大收益。因此，为了获得更好的推销成果，企业必须建立一套完整的销售策略系统。将抖音与其他类似网站结合起来使用，可以扩大受众群体的信息获取面，从而使产品更具竞争力，并且能获得最大的效益回报。

企业在建立市场推广策略时，须全面考虑各网络渠道间的相互作用，并依据实际情况挑选出最合适且高效的吸引客户的方法和工具。具体实施过程中，可以利用创建多个短片账号的方式来积累"大号"所需的流量；同时，也可运用其他社交媒体作为引流入口，深度挖掘消费者的需求，满足不同消费人群的独特需要，从而提高他们的黏性；另外，还可以通过实现各类网络平台之间的高效联动及共同启动主题活动等方式，进一步优化销售成果。

（三）选择目标圈层，植入品牌广告

短视频平台的主要任务是帮助用户对其展示的信息进行分类，构建各种专题板块。这样一来，用户可以在平台上发现他们感兴趣的内容，从而建立有相同兴趣或属性的人群圈子。这种自发式的创建与挑选内容的模式能够满足用户个体的独特需求，并逐渐形成独特的社群氛围，这对各类品牌的推广活动来说是一个很好的切入点。公司可以选择适合自己的平台，并根据这些平台上的各个专题模块做出决策，以准确锁定目标人群，然后通过针对他们的个人特点展开宣传活动，有效地将信息传达给他们。

除去当前常见的节目命名、品牌曝光及口头推广方式之外，企业的品牌宣传还可以通过短视频中的产品介绍、理念阐述以及使命宣扬等方式实现。这种方法有助于建立积极的企业形象，并吸引更多人愿意与之进行深度交流，选择真实且富有个性的品牌。此外，它还能展示企业的独特经历和充满活力的工作团队的故事，从而激发人们的兴趣。随着市场营销策略的不断优化，短视频的观赏性和娱乐性都显著增强，这也提高了观众对广告的接受程度。因此，为了进一步加强品牌影响力，我们需要深入了解目标消费群体的需求，并对广告内容的创作提出更高要求；另外，我们也应始终保持产品的高质量，以维护顾客对品牌的信赖感和喜爱度。

（四）注重心理互动，增加用户黏性

为了提升短片广告的效果和吸引力，我们必须加强其与观众内心世界的交流能力。在这个智能手机主导的时代里，大众普遍通过参与各种在线社区来保持活力，并积极分享自己的想法和生活体验。因此，要让这些视频内容更具亲近感和易于接受，就必须将其嵌入日常生活中，从而减少与观众的距离并增加彼此的沟通频率。换句话说，就是要在传播过程中激发受众内心的共鸣，这不仅能让观众在享受网络社群的同时获得一种归属感，也能让他们感受到被认可和社会地位的重要性。

（五）订制品牌活动，激发用户参与热情

普遍来说，人们对未知充满好奇心，特别是年轻人更倾向于追求刺激和新奇感，他们敢于尝试和接受新事物。因此，企业在短视频营销中需要善于捕捉

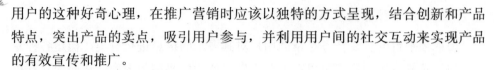

用户的这种好奇心理，在推广营销时应该以独特的方式呈现，结合创新和产品特点，突出产品的卖点，吸引用户参与，并利用用户间的社交互动来实现产品的有效宣传和推广。

第六节　视频营销

一、视频营销的定义

视频营销是指企业或个人利用网络视频进行营销推广，旨在通过在视频中嵌入产品或品牌相关的营销信息，创造强烈的视觉冲击力和吸引力，并通过消费者的口碑力量进行传播，最终实现品牌推广的目的。该形式涵盖影视广告、网络视频、宣传片、微电影、自制综艺等多种类型。区别于短视频营销，本书所指的视频营销主要侧重于利用综合视频平台（如视频类 APP、视频网站等）进行的新媒体营销活动。视频营销归根结底是一种营销活动，因此，成功的视频营销不仅需要制作精良以追求更好的呈现效果，还需要挖掘营销内容的亮点以吸引更多用户的注意力。

二、视频营销的特点

视频营销是众多新媒体营销工具中较为典型的一种方式。随着生活水平的提升，人们对休闲娱乐生活的追求越发强烈，网络视频的出现给人们的精神文化生活带来了福音。网络视频凭借其独特的优势与特点，受到越来越多用户的喜爱与追捧，同时也为企业开展营销提供了良好的媒介与渠道。

（一）成本低廉

相比于电视影片的制作与投入成本，网络视频的投入成本相对较低，这得益于新媒体技术的不断发展。微电影、网络自制剧、自制综艺等低成本的网络视频形式相继出现，在丰富网络视频表现形式的同时，也为企业营销推广带来了商机。对一部电视商业广告来说，其投资费用往往相当庞大。相比之下，网络视频营销的成本显然低于同类型的电视广告，其制作成本也相对较低，但其传播效果却比电视广告更加显著。借助用户自发的分享传播，网络视频营销能在无形之中为产品或品牌树立良好的口碑，提升企业知名度，因此视频营销更具性价比。

（二）传播迅速

随着移动互联网和移动通信技术的进步，人们可以更方便地上网，并随时随地获取他们感兴趣的信息，这为网络视频的实时分享和传播提供了基础。早期的视频营销受限于媒介渠道的不足和营销投入规模的限制，传播范围和影响力都具有局限性。但是，随着新媒体类型的不断扩充，用户既是信息的接收者也是传播者，基本的社交需求使得人们愿意分享和传播，因此高质量的精品视频能够借助口碑的力量迅速传播扩散。

（三）互动性强

与传统电视媒体不同，网络视频打破了传统媒体单向传播的方式。用户不仅能够自创内容，还能够实现实时互动交流，具备较强的交互性。观众在观看视频的过程中，不仅可以在视频下方发表自己的见解、思考和感受，还可以通过弹幕的方式在视频界面上进行即时互动。积极的反馈与互动不仅能够帮助企业增加曝光度、提升品牌认知度，还能够帮助企业及时评估营销效果，调整营销策略，从而提升视频营销的影响力。

三、视频营销的类型

目前，企业主要运用的视频营销类型有视频广告、网络自制剧和微电影等。

（一）视频广告

视频广告是指采用数字技术将广告嵌入网络视频中，以此传递营销信息内容的视频营销模式。与传统的电视广告不同，网络视频广告的内容更短、创意性更强，在内容上更具优势。此外，由于生活节奏加快，人们的空闲时间变得更加零散，许多人更愿意选择便捷且能随时观看的在线视频，这给商家带来了巨大的商业机会。商家可以在这些视频中嵌入广告内容，使观众在观看视频时接触到推广信息。

（二）网络自制剧

"网络自制剧"，或"网上连续剧"，是一种独特的影视作品形式，其特点在于独创性和独特的内容展示方式。在这种模式下，发行商与制作者会联手，共同打造并在线发布这些剧集。由于网络自制剧的时长较短，内容紧凑，题材多元化，并且在网络上发布网剧的流程更为简单，没有冗长烦琐的审批手续，也不需要像传统电视剧那样花费大量精力与成本去抢占竞争激烈的黄金频道和时段，因此创作成本和播出成本更加低廉，网络自制剧的营销方式也因此越发受到企业的青睐。

（三）微电影

微电影是一种专为在新媒体网络中展示而设计的视频形式，适用于在移动环境或短暂休息期间观赏，具备全面规划与系统的制作流程支撑，并有完整的剧情结构。其内容涵盖了流行趋势、搞笑元素、商务需求及社会责任等方面，同时也包括多种类型的软插播广告。相比一般电影，微电影的时长更短，能够随时随地观看，不占用人们较长的时间，符合"碎片化"的生活方式。在内容方面，微电影更加贴近生活，用小故事诠释世界，容易引起用户的情感共鸣。因此，企业能够通过微电影将与产品、品牌相关的营销信息巧妙地融入故事情节中，在无形之中塑造企业的品牌形象，向用户输出企业价值观和企业文化，使用户产生对品牌的价值认同，进而形成一定的品牌忠诚度，促进消费行为的发生。

四、视频营销的策略

（一）病毒营销，引爆话题讨论

依托新媒体技术的视频营销能够借助口碑的力量实现精准传播。首先，借助大数据技术识别、分析并定位目标用户，将包含营销信息的视频推送至"易感人群"。当这些人看到有趣、好玩、轻松的视频时，他们就会自发地进行讨论甚至主动传播，使得包含产品或品牌信息的网络视频如同病毒般在网络上蔓延扩散。企业因此得以依靠口碑效应增强曝光度和影响力，进而提升营销效果。

（二）事件营销，提升用户参与

企业开展视频营销时，也可以通过编造一个有趣好玩的故事或策划一场具有吸引力的事件来对网络视频进行"包装"。这类以事件为背景的视频内容往往具有一定的价值与意义，相对更容易吸引用户的注意力，调动其参与的积极性，从而更容易被扩散传播。

（三）整合传播，扩大影响范围

视频营销的顺利开展依然离不开整合营销的思想。新媒体时代，人们获取信息的渠道多种多样，仅仅依靠单一的视频传播显然难以取得良好的传播效果。企业需要整合多方资源，融合线上与线下的各种媒介与平台，全方位、多角度地增强产品或品牌信息的曝光度，提升视频的影响力，从而扩大营销传播范围。

第七节 搜索引擎营销

一、搜索引擎营销的定义

简而言之，搜索引擎是一种利用特定计算方法，按照用户需求寻找所需信息的工具。它依赖于各种先进的技术手段来实现这一目标，比如网站抓取（Web Crawling）、查询排名（Query Ranking）和数据整理方法等。此外，还包括大规模数据库管理系统及人工智能技术的应用，以确保其高效且准确地完成任务。因此，可以将其划分为四个主要类别：全文检索引擎、目录式检索工具、专业化搜索设备和分类浏览软件。

搜索引擎营销（SEM，Search Engine Marketing）主要指的是运用网络搜索引擎来执行新媒体推广活动的一种方法。它基于人类在线查找资料的习惯与偏好，以期最大化地向潜在消费者传达商业信息，进而达成销售目的。此种宣传模式的核心理念在于使顾客能够找到他们所需的信息，并通过点击访问相关页面以更深入地理解这些信息内容。具体实施步骤包括：企业将相关信息放置在网上，创建资源库；然后由专门的技术人员负责收集、整理并在系统中建立目录；一旦有人针对特定关键词发起查询请求，该项服务会根据预先设定的算法提供相应的结果列表及其对应的网址，供查阅者决定是否继续浏览或跳转至相应站点获取更多详细内容。这一系列操作最终完成整个链条式的传播路径构建工作。

二、搜索引擎营销的特点

搜索引擎营销与其他新媒体营销工具相比具备独特的优势与特点，企业想要实施行之有效的搜索引擎营销就需要对其特点拥有充分且清晰的了解。

（1）受众广泛。搜索引擎营销的目标用户非常广泛，几乎所有使用搜索引擎的人都可能成为其潜在的消费者。

（2）成本低且定位精准。搜索引擎推广的入门条件较低，相对于传统的营销策略，投资成本更低且潜在的回报率更高。

（3）开放性平台作为一种公开式的网络工具，无论企业的规模和名气如何，只要有需要的企业都可以在搜索引擎中发布广告信息，享有平等的机会。虽然搜索引擎在营销策略中的角色仅如一座"桥"，它只是一个连接点，让企业能够直接接触到客户并向他们展示产品或服务，但最终的购买决策仍然取决于顾客的需求，而不是搜索引擎本身。因此，搜索引擎营销的效果更多地体现在企业相应网站或网页访问量的增加上，而非直接增加企业的销售利润。搜索引擎作为宣传推广渠道为企业所用，其营销效果是间接的。

（4）用户自主选择。对搜索引擎广告，用户拥有更多的自主选择权，能够根据自身的需求进行相应的关键词搜索，并在检索结果中判断和选择相应信息。企业无法强迫用户做出选择，并且使用何种搜索引擎也是用户自己决定的。因为所有的步骤都由客户自己决定，这大大减少了推广活动对客户的影响，因此他们会赋予产品或服务更高程度的信任感，并激发其购买意愿。同时，搜索引擎也精确地分析和定位了互联网上的潜在消费行为，特别是在关键词的使用上，使顾客能够准确找到所需的信息，有效利用这些关键词来寻找相关内容，最终形成具有高度商业价值的信息，实现网络营销的目标。

三、搜索引擎营销的类型

伴随着互联网技术的进步与广泛应用，搜索引擎营销已逐渐成为许多企业不能忽略的一部分。同时，它也被视为一种重要的工具，用于推动企业的品牌宣传及在线销售活动。当前，搜索引擎营销的主要形式有四种：关键词广告、竞价排名、搜索引擎优化以及智能推荐。

（一）关键词广告

关键词广告是充分利用搜索引擎资源开展新媒体营销的一种手段，采取按点击付费的形式。其主要原理是：广告企业根据自身产品或品牌的特点，向搜索引擎平台购买相应的关键词广告，使得当用户输入与企业所购买的关键词相同的检索内容时，其检索结果页面会显示与关键词相关的该企业的广告链接，进而实现高度精准的定位投放。由于关键词广告在对特定关键词进行检索时才会出现，因此针对性较强，性价比较高。

（二）竞价排名

竞价排名是网络营销模式之一，由企业或个人通过支付费用来提升其网站的关键词排位。根据所付金额的多少，排名的位置也会有所不同。一般来说，当人们使用搜索引擎查找某个特定词汇时，会出现大量的关联信息，这些信息通常以页面形式呈现，并且首页的内容会被优先查看，后续的页面则较少被关注。竞价排名的宣传推广是按效果计费的，即每当用户点击了推广链接，企业就需要向搜索引擎平台支付一定的费用。而搜索结果的排名越靠前就越容易吸引用户的关注，尤其是潜在用户，从而使得营销效果更为显著。采用竞争式排序的网络搜索引擎策略可以让企业将其商品信息放在首页的最前列，而采用自然排序的方式则需要借助网页调整和关键词优化等手段来让相关商品信息显示在前面位置。使用竞争式的排序方法可以增加客户访问量并增强品牌的知名度，从而实现品牌宣传的目的。然而，竞价排名的搜索引擎营销方式也存在一定的局限性，例如越来越多的用户逐渐意识到广告推广的位置，可能会专门避开这些地方；竞争对手可能会恶意点击，增加企业的无效费用支出，导致投入与产出不成正比等问题。

（三）搜索引擎优化

SEO（搜索引擎优化）是一种技术，通过分析搜索引擎的排名规则，了解搜索引擎的工作机制，调整和优化网站，使其更容易在搜索引擎中排名靠前。SEO 的优势在于提高搜索引擎排名而不损害用户体验，并通过优化网站内容，提高点击率和访问量，从而提升营销能力，实现营销目标。SEO 需要以消费者为导向，为他们提供与检索信息最相关的内容，而不仅仅是考虑搜索引擎规则。

如果忽略网站基本要素的优化设计，试图通过其他方式来提高排名效果是不现实的。

（四）智能推荐

随着人工智能的发展，机器学习、深度学习和自然语言处理技术应用于搜索引擎，使得搜索引擎营销越来越智能化，能够帮助企业挖掘潜在消费者，取得精准营销的效果。搜索引擎拥有的海量数据可以实现对用户每一次点击行为的记录，通过分析点击行为和浏览行为，赋予用户某种个性化标签。在以后的使用过程中，当用户有某种需求而主动搜索一个关键词时，甚至在使用搜索引擎应用程序阅读新闻、观看视频、购物时，搜索引擎能够通过分析用户需求将相关的多元信息准确推荐给用户，以此方式来吸引一些潜在消费者。这时，搜索引擎起到了一个桥梁的作用，将用户的潜在需求与企业的营销推广需求进行有效结合，从浏览转化为点击，再转化为交易。此时，企业只须专注于优质内容创作即可，越好的内容和越真实的信息越会被人工智能系统青睐，越优质的服务和产品越会在信息流中被优先推送给用户，从而实现搜索引擎营销的普惠价值。

参考文献

[1] 万博楠.新媒体时代实体零售企业营销策略探究 [J].商业经济研究，2024
（13）：174—177.

[2] 李可欣，安琪.新媒体场景下快时尚品牌的网络营销策略分析——以 Crocs
为例 [J].中国商论，2024（12）：85—88.

[3] 刘兴羽，沈鹏，楼佳璇，等.新媒体视角下基于 AIDMA 理论的四川地区农
产品内容营销策略研究——以四川攀枝花芒果为例 [J].商场现代化，2024
（12）：68—70.

[4] 王露露，单忠纪.乡村振兴背景下农产品的新媒体营销策略研究——以黑龙
江省为例 [J].商场现代化，2024（12）：80—82.

[5] 薛汝旦.基于 BOPPPS 模型的新媒体营销线上线下混合式教学实践研究 [J].
新闻研究导刊，2024，15（12）：144—146.

[6] 曾飞.基于"岗课赛证"融通的"新媒体营销"模块化课程建设路径探究
[J].新闻世界，2024（06）：110—113.

[7] 裴星星，王永杰，岳金鑫.从贵州"村超"看传播如何助力乡村振兴——基
于群众体育的新媒体营销思路 [J].传媒，2024（11）：19—20.

[8] 蒋文锋，欧阳峰，周倜.新媒体环境下营销人才的能力体系研究——基于广
深企业招聘信息的社会网络分析 [J].时代经贸，2024，21（05）：113—118.

[9] 张诗艺.新媒体环境下跨境电商平台营销策略研究 [J].全国流通经济，2024
（10）：49—52.

[10] 孙伟然.企业营销成本管控问题及优化对策 [J].商展经济，2024（09）：
177—180.

[11] 胡慧，陈佳昊，余奕.乡村振兴背景下高等学校新媒体营销人才培养方案
研究 [J].今传媒，2024，32（05）：149—152.

[12] 袁恬钰，丁博雅 . 乡村振兴背景下湖湘茶文化的新媒体营销困境与优势——以古丈毛尖为例 [J]. 中国食品工业，2024（09）：62—64.

[13] 肖兰花 . 餐饮企业新媒体营销策略研究 [J]. 现代营销（下旬刊），2024（04）：56—58.

[14] 魏锦 . 新媒体营销中新农人角色赋能探究 [J]. 中国报业，2024（08）：188—189.

[15] 李迎迎，丁纪喜 . "新媒体营销"产教融合课程改革的路径及策略研究 [J]. 山东纺织经济，2024，41（04）：35—38.

[16] 王一如 . 基于"政府＋网红＋农户"电商助农模式的英德茶农销售数字化转型探究 [J]. 福建茶叶，2024，46（04）：131—133.

[17] 夏静，张娟，金正稷，等 . 新媒体背景下中药护肤品的营销策略探究——以羌活护肤霜为例 [J]. 现代商贸工业，2024，45（10）：80—82.

[18] 王保顶 . 学术出版的三个维度 [J]. 中国出版，2024（08）：15—18.

[19] 李秀苑 . "互联网＋"背景下基于工作过程的"新媒体营销文案策划"课程思政融合研究与实践 [J]. 科教文汇，2024（07）：124—127.

[20] 黎凯 . 大数据时代下企业市场营销方式变革及创新研究 [J]. 商展经济，2024（07）：56—59.

[21] 刘畅，白茹玉 . 服装行业新媒体营销模式分析 [J]. 辽宁丝绸，2024（02）：75—76.

[22] 吕玉明 . 城市文旅新媒体营销策略研究 [J]. 市场周刊，2024，37（11）：75—79.

[23] 蔡映珍，秦通辉 . 乡村非遗文化新媒体营销策略研究 [J]. 中国市场，2024（10）：168—171.

[24] 李晶 . "三教"改革视域下职业教育"新媒体营销"课程建设策略 [J]. 营销界，2024（06）：116—118.

[25] 马平婧 . 新媒体环境下中小企业网络营销发展策略 [J]. 商场现代化，2024（06）：53—55.

[26] 王絮 . 新媒体时代心理自助类图书策划与营销 [J]. 中国报业，2024（05）：60—61.

[27] 王晖，苏锦婷，何春辉 . 高校新媒体营销中的公众号营销策略分析 [J]. 科

技经济市场，2024（03）：158—160.

[28] 张雪珂.新媒体环境下中小企业市场营销策略研究 [J].老字号品牌营销，2024（05）：22—24.

[29] 艾曦."新媒体营销"课程信息化教学设计与实践——以"微信公众号营销"典型工作任务为例 [J].科技资讯，2024，22（05）：193—198.

[30] 张侠.基于"岗课赛证"模式下的汽车新媒体营销课程改革创新实践 [J].时代汽车，2024（06）：80—82.

[31] 柯育麟.乡村振兴背景下农产品新媒体营销问题与对策 [J].农村经济与科技，2024，35（04）：242—244.

[32] 周丽萍，吴开旭.在新媒体营销模式下植保无人机的推广策略研究 [J].广西农业机械化，2024（01）：23—25.

[33] 赵林林.新媒体营销"五环五融"混合式教学改革探析 [J].江苏经贸职业技术学院学报，2024（01）：74—77.

[34] 徐倩，宋雨晨，封弛煌，等.新疆葡萄酒新媒体营销现状与创新策略研究 [J].商场现代化，2024（04）：65—67.

[35] 蒋徐，于学文.特色农产品的新媒体营销策略——以抚顺市特色农产品为例 [J].新农业，2024（01）：63—64.

[36] 郭佳祺.基于校企合作开发新媒体营销课程教学资源的实践研究 [J].中国多媒体与网络教学学报（中旬刊），2024（01）：1—4.

[37] 郝景慧."数商兴农"视域下农产品新媒体营销路径探索 [J].互联网周刊，2024（01）：19—21.

[38] 王杨柳.浅析传统杂志新媒体营销的机遇、挑战与破局路径 [J].出版参考，2024（01）：62—65.

[39] 贺聪聪.新媒体营销思维下的零售业竞争力问题探讨 [J].老字号品牌营销，2023（23）：14—16.

[40] 余航，章艳华，夏近秋.游客视角下景区新媒体营销策略研究——以徐州乐园为例 [J].市场周刊，2023，36（12）：55—58.

[41] 张建钦，朱文娟，邓玲榕.基于 OBE-CDIO 理念的新媒体营销课程实践教学改革探索 [J].牡丹江教育学院学报，2023（11）：80—82.

[42] 徐珊珊，杨霄.移动互联网时代新媒体营销策略优化分析 [J].上海商业，

2023（11）：77—79.

[43] 杨霄，徐珊珊.新媒体营销思维对企业竞争力的影响分析 [J].上海商业，2023（11）：74—76.

[44] 刘梦玮.新媒体营销下微信公众号营销实践策略探究 [J].新闻研究导刊，2023，14（21）：250—252.

[45] 程滢.数字时代背景下福州"福"文化国际品牌视觉营销策略研究 [J].新楚文化，2023（30）：86—88.

[46] 高艺轩."互联网 +"发展下的新媒体转型改革 [J].中国报业，2023（20）：78—79.

[47] 仲晓密.农产品新媒体营销产教融合模式创新与实践 [J].辽宁高职学报，2023，25（10）：49—52.

[48] 卢春芳.论新媒体营销文案的写作方法 [J].科学咨询（科技·管理），2023（10）：248—250.

[49] 王雯.新媒体视域下文创产品传播策略探究 [J].国际公关，2023（18）：124—126.

[50] 吴铁，季宇萌.中国式现代化引领新媒体营销高质量发展研究 [J].现代营销（上旬刊），2023（09）：167—169.

[51] 沈朴远.新媒体环境下企业市场营销策略转变的机遇及对策 [J].中国商论，2023（16）：94—97.

[52] 张杰.产教融合视域下"新媒体营销"课程教学研究 [J].普洱学院学报，2023，39（04）：126—128.

[53] 杨厝婷.直播经济视域下高职传播专业新媒体营销实践教学策略研究 [J].新闻研究导刊，2023，14（16）：58—60.

[54] 周洁.企业新媒体营销中的误区及其对策研究 [J].中国管理信息化，2023，26（16）：128—130.

[55] 张晓亮.互联网思维下的新媒体营销探析 [J].上海商业，2023（08）：54—56.

[56] 张岩，车玉龙.传统出版物的新媒体营销渠道探寻 [J].传媒论坛，2023，6（15）：59—61.

[57] 张亚菲，秦子涵，张思悦，等.应用新媒体营销助力农产品销售 [J].全国

流通经济，2023（15）：24—27.

[58] 刘海星 . 旅游景区新媒体营销策略探究 [J]. 全国流通经济，2023（15）：
76—79.

[59] 古雪妹 . 基于直播电商的互联网新媒体营销策略研究 [J]. 互联网周刊，
2023（14）：26—28.

[60] 范嘉豪，李梓佳 . 新媒体营销下的绿色消费行为研究综述 [J]. 商场现代化，
2023（13）：27—29.